Watching a lot of beauties,
I found these elements

美人を分解したら
こんな要素でできていた

物心ついたころから、なによりもキレイな人を見るのが好きでした。職業柄、同じ女でも引き込まれるような「美人」と数えきれないほど出会ってきました。

そんな「美人」たちを観察し、美の秘訣《ひけつ》を盗み続けて38年。確信したのは、「美人」は持って生まれた顔立ちや体の形の出来具合ではないということ。むしろ、自分のパーツを知り抜き、それを美人に見えるように努力し続けているかどうかです。顔立ちが整っていても、美人の雰囲気をまとっていないとブスに見える。

その雰囲気こそが 「美人」の正体です。

Megumi Kanzaki

光に潤む髪、透けるような肌、ピュアな瞳、
記憶に残る唇に、
うっとりするようなフェイスライン。
美しい指先やなめらかなしぐさ、
抱き心地のよさそうな体、
空気のようにやわらかな声、吸い込まれるようなデコルテ、きゅっとくびれた足首、心奪われる香り……

美人を作るのはまさにこんな要素たち。
今まで出会ってきた
美人たちを分解すると、
誰もがこの「美人見え」する要素を
ひとつひとつ集め
自分を最高に見せる絶妙な、オリジナルの
バランスで組み立てています。

How beautifully

They collect
each beauty element
and appreciate it

本当の意味での生まれつきの美人は、いません。

美は、自分で作り出しまとうことができるものばかり。

美人になりたいと願うなら、自分の形を変えるのではなく、
誰でも手に入れることができる美人の要素を効果的に
磨き上げ、取り入れ続けていくこと。

You can be what you want

この本には、今までわたしが出会ってきた
「美人」たちから盗んできた、

絶対に美人に見える秘密の方法やコツが
たっぷりつまっています。

Get a grasp of
your own
beauty

Now, You will become a beauty

美人とは毎日を Happy に
過ごす才能のこと。
どんどん美人になって、
夢も恋も仕事も
理想の自分も手に入れま
しょう！

女の子は願う限り、確実に美人になれる。

読むだけで、

今まで見つけていなかったキレイも

必ず自分の中で倍増していくはずです。

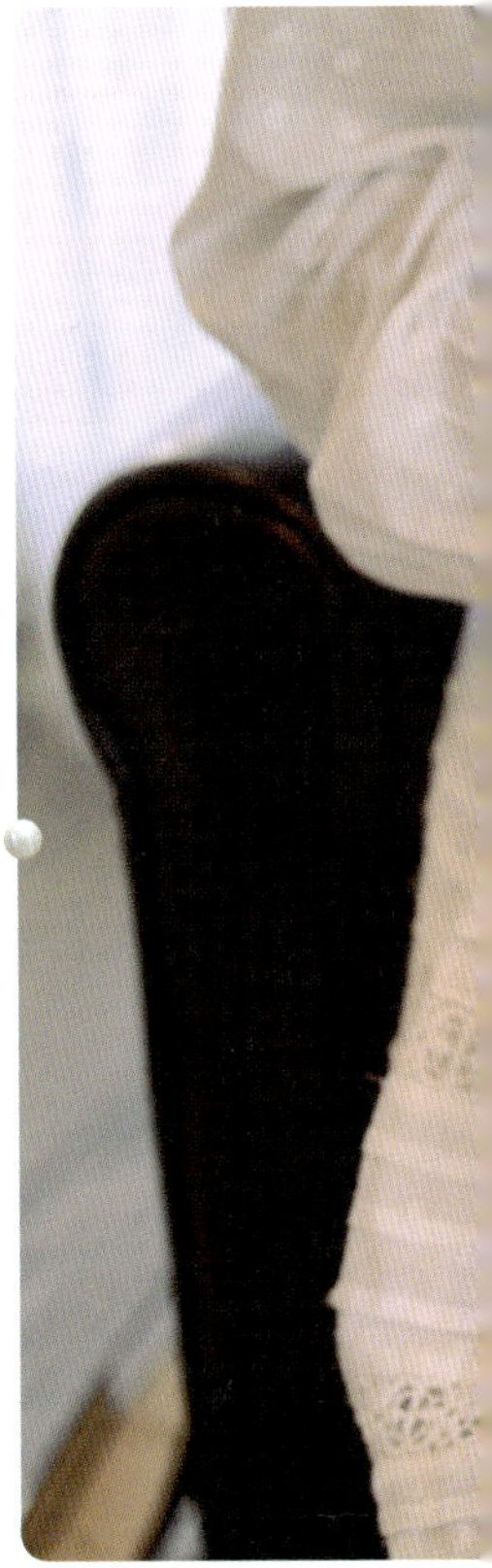

Contents

第1章 髪 hair

第2章 顔 face

第3章 香り *perfume*

第4章 体 *body*

第5章 ファッション *fashion*

第6章

靴 shoes

第7章

姿勢 posture

第8章 しぐさ behavior

第9章 鏡 mirror

髪

hair

メイクよりも
ファッションよりも
髪がすべてを決める

髪で一番気をつけるべきなのは「抜け」です。
手ぐしでまとめて、ちょっと引っ張り出すというくずしテクを覚えれば、簡単におしゃれ上級者のワザ、こなれ感が手に入ります。手ぐしでまとめるときは、くしのように指を立てるのがポイント。
光と溶け合うように潤む色と、小顔に見えるシルエットを見つけるだけで、美人オーラが輝き始めます。

vol.1

髪を制するものは、
おしゃれを制す

おしゃれ上級者に見せたいならメイクよりもファッションよりもまず、髪。髪は、あなたの雰囲気の80％以上を決めるといっても過言ではありません。

目指すべき髪は、モデルや海外セレブのあのこなれ感漂う髪です。ざっくり適当に仕上げたように見せているけれど、実はあれは、綿密に計算され作り出されたものです。

抜け感、ボリューム、ほどよい上品さとやわらかさ。これが洋服と組み合わさると、絶妙なおしゃれオーラが湧き立ちます。

一番肝心なのは、気張ったように見えないことです。ぴたっと整えてしまったり、頑張って作りました感が出てしまっては逆効果。**「抜け」のなさはおしゃれにとって大敵です。**鏡も見ずにくしゃくしゃっと作ったように見える脱力感こそがおしゃれ髪の命。引っ張り出したり、たるませたりと崩しを効かせましょう。

「無造作に仕上げたいのにやつれたようにしかならない」という声も聞きますが、それは、ある重要なステップを踏んでいないから。それさえすれば、無造作に手ぐしでまとめただけでも、上級おしゃれ感を漂わせることができるマストステップがあるのです。

次の項では、この大事なステップ、「ベース巻き」についてお伝えします。

美人への扉は
抜けを生むベース巻き

それでは、ベース巻きの作り方です。決め手は内巻き、外巻きをMIXすること。アイロンの太さやはさむ毛束の量でカールのボリュームが変わります。便利なのは25~26ミリのアイロン[A]。このサイズは毛束を多くとるとゆる巻き、少なくとると細かい巻きの両方にできるのでおすすめです。

1. 顔まわりの髪をひと束とって、こめかみよりちょっと上あたりからへアアイロンで内巻きに1回転します。

2. 1で内巻き1回転した巻きの終わりからアイロンをはさみ直し外巻きで1回転します。

3. 今巻いた隣の毛束をとり今度は外巻きから1カール、その後挟み直して内巻き1カール、という具合に両サイド、バックと仕上げます。こうすることで2種類の巻きがMIXされ、無造作な異国風になります。ポイントは、顔まわりの毛先を最後に内巻きにして仕上げること。ラフな中にも品をアピールできます。

4. 巻き終わった毛束をつまみ、ゆさゆさっと軽くゆすりながらカールを崩していくとくしゅっとしたラフ感が出現します。あるいは、ブラシでカールをざっくりとかしてほぐすと、フランス風のやわらかさが出ます。ここがキモ。カールをそ

A クレイツ イオンカールアイロン 26mm、クレイツ エアー×クレイツイオンカールアイロン ST 382C 30mm

のまま放置してきれいなまま仕上げてしまうとバブルの香りのする古い女に見えてしまいます。はさむ時間や温度を変えると、ニュアンスが変わります。

初心者かぶきっちょさんは、はさむだけで簡単にゆるふわウェーブがつくれるトリプルアイロン[A]がオススメ。

[A] ツヤグラウエーブ

＼ゆるふわ／ カール♥いろいろ

BASIC 基本の巻き方

アイロンのサイズ *25~35mm*

ひとつの毛束を内巻きと外巻きで仕上げ、無造作な質感を出す。不規則に見えるように、隣の毛束は、逆向きからスタートするのがポイント。

巻かない毛束と
たて巻きも MIX

アイロンのサイズ *25~32mm*

ブラシでほぐす仕上げをすると
また違ったニュアンスに。

極太アイロン
毛束厚めのゆる巻き

アイロンのサイズ *38mm*

内巻き、毛先のみ、中間から
外巻きのカールを MIX。

細めの巻きを MIX

アイロンのサイズ *25~32mm*

根元からたて巻き、同じように
根元から内巻き、外巻きを MIX。

毛束の厚いものと
細かいものを MIX

アイロンのサイズ *32~38mm*

挟む毛束の厚さをランダムに
するだけで違う印象に。

魔法の髪色「透けカラー」で
きゅんとさせ続ける
美人になる

光に透けるようなエアリーな髪の色の女の子にドキッとしたことはありませんか？ショートでもボブでもロングでも、吸い込まれるような魅力を持つ美人に共通しているのが、**実はこの透け感のあるやわらかな髪の色なんです。**この髪の正体は「アッシュ系の髪色」。

日差しに髪が溶け込むときのような、うるっとしたつやめきのあるアッシュ系の髪色なら、髪をかき上げた瞬間、振り向いた瞬間、髪が揺れるたびに潤みを帯びた透明感がふわんふわんと放たれます。黒髪のツヤとはまた違う、外国の子どものような軽い透明感。この「透けカラー」は、日本人に出やすい赤や黄色味を抑え、直毛や剛毛、多毛の印象を消してくれます。

自分にぴったりくるアッシュカラーと出合うことが、美人への近道。人それぞれ、合わせるブラウンが微妙に違うので肌色や髪質、カットデザインのバランスを見て、いろいろ試しましょう。美容院で「透明感のあるアッシュカラー」をオーダーし、「こんな雰囲気になりたい」「肌色をこう見せたい」「顔の形や大きさをこうしたい」というイメージを伝えると、キレイのクオリティーがぐっとUPします。

#憧れの卵型の輪郭と小顔が手に入るダイヤモンドシルエット

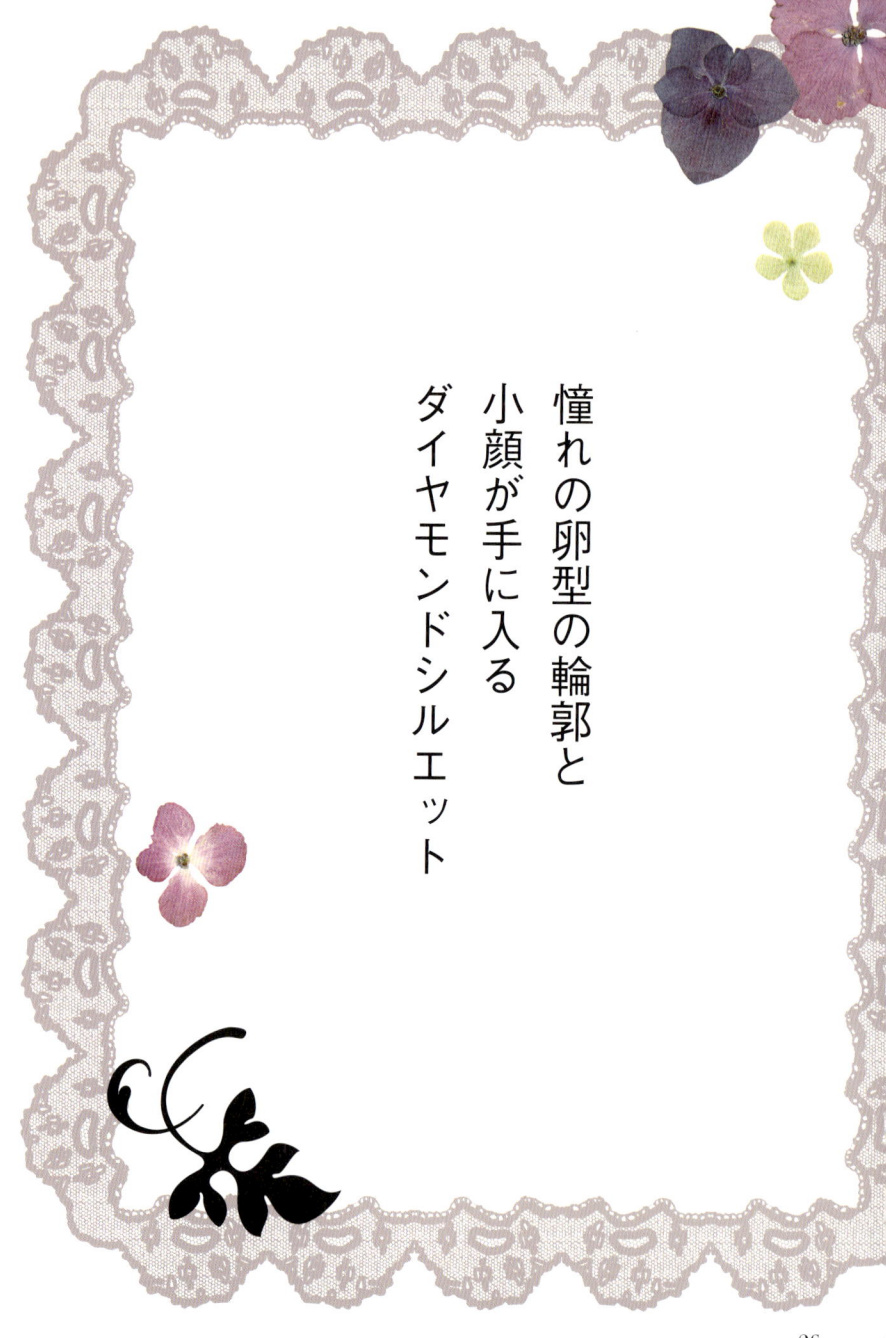

女の子の永遠の憧れといえば、卵形の輪郭と、片手ですっぽり隠れるほどの小さな顔。でも、気合を入れてのダイエットや、大金をかけての小顔矯正でも、そうそううまくいきません。美容外科でハードな大規模工事でもしない限り、なかなか手に入りづらいもの。

だけどこの難題、ちょっとした法則を心がけるだけで笑えてしまうほど簡単に解決できてしまうんです。

それは、ダイヤモンドシルエット。

ダイヤモンドシルエットとは、正面から見た髪のシルエットが、縦のひし形に見えるように整えること。髪のトップ[A]と左右の一番広がっている位置、デコルテを結んだラインがひし形に見えるようにします。

トップはふんわり高さを出し、耳横はボリュームを出し、デコルテにかけてシェイプすると理想の形になります。首すじあたりにくびれラインを作ると、ダイヤモンドが完成します。

正面だけでなく、横や後ろから見てもひし形になるように、トップに高さを出すの

A トップ用アレンジ剤：オージス　ダストイット

が最重要ポイントです。

ダイヤモンドシルエット

このように結んだ線が
ひし形になるのが理想的

小顔マジックの法則

それでは、自分の顔の形が、どんな髪型にすればダイヤモンドシルエットになるかを知っておきましょう。

丸顔……頬が広く見えがちな丸顔は、前髪を深めにとります。そうすることで、トップに高さが出ます。縦の要素をプラスすることでダイヤモンドシルエットに近づきます。その際、前髪からサイドにつながる髪を頬骨に落ちてくるようにラウンドさせ、ところどころ隙間を作って額がちらりと見えるようにするのがポイント。短すぎたり、うすかったり、直線的な前髪はより丸さを強調してしまうのでNG。

あえて前髪を作らず、長めにして顔まわりに沿わせるのもおすすめ。大人かわいい小顔に仕上がります。

三角形……理想の卵形に近いフェイスラインの三角形は、顔が小さく見えやすく、ヘアスタイルを選びません。ですが、小さなあごがシャープさを強調し、きつく見られてしまうことがあるので、前髪はあいまいに分け目をつけ、ランダムな動きを加えましょう。そうすれば、女性らしいまろやかなニュアンスが生まれます。他にも首まわりにやわらかなウエーブやカールを入れボリュームを出すとリッチな女らしさが湧き出ます。

四角形…角張った印象を和らげるには、少し斜めに流した前髪がポイント。トップや顔まわりもラウンドさせると、曲線と動きが添えられ、やわらかな女らしさがにじみます。ぺたっとした前髪やはっきりした分け目にしてしまうと、エラやハチが浮き出て角張った印象が強調されるので要注意。

長方形・面長…顔の長さをカモフラージュするために、前髪は深めにとり軽くサイドに流すのがポイント。耳の横に広がりを持たせましょう。直線的にならないようカールやウエーブの動きをプラスすることで、印象を華やかにすることができます。センター分けは顔の長さを強調するのでNG。

卵形…理想の顔形です。目の大きさに合わせて前髪を調節したり、顔まわりの髪をアピールしたいパーツ（例えば目や口）が一段と魅力的に見えるデザインにカットしたりと、キレイの底上げにトライするのがおすすめ。より小顔に見えるバランスを発見できるかも。

髪は部分によって、それぞれの部分を引き立てる効力を持ちます。例えば前髪は目力UP・小顔効果。顔まわりなら小顔・輪郭矯正。あなたの顔の形に似合うのはどれでしょうか？　いろいろ試して、自分だけの美しい髪型を手に入れて、とびきり美人になりましょう。

服を盛るなら
髪は盛るな！

美人はここぞというときの**抜きどころ**がとても上手。

よく、結婚式で気合みなぎる盛りヘアの女の子たちを目にしますが、これは本当にもったいないことです。コンサバカール、昭和な後れ毛、ラメやカールのアップスタイルは古い・野暮ったい・安っぽい女の子に見えます。**おしゃれ美人になりたいなら、ファッションに合わせた絶妙なバランス感覚を身につけることが大切**。

ファッションとヘアの関係にも実はおしゃれ見えの法則というものがあります。**それは、服とヘアは反比例するという法則**。簡単にいうと、服を盛ったら髪は盛らない、髪を盛るなら服は盛らない、ということ。

特に失敗が多いのは、パーティーなどのスペシャルな日です。こんな日のアレンジは頑張りすぎず、攻めよりも抜くことを意識すると風格漂う美しさを引き立てられます。別格のおしゃれオーラは品のあるラフ感から生まれます。上品さの中のゆるさやさりげなさからは、セクシーさもほろんとこぼれ香ります。

フランス女優や海外のおしゃれセレブのパーティーアレンジのバランスは、とても参考になるので要チェック。黒髪のアジアン美人なら韓国や台湾女優のフォーマルアレンジがおすすめ。

美人は「なりたい髪型」ではなく、
「似合う髪」を優先している

美人は、自分に似合う髪型を試す勇気を持っています。髪型選びには、とても勇気が必要です。

なぜなら、なりたい髪型と似合う髪型は同じではないことが多いから。髪型は、髪質、顔型だけではなく、自分の性格や趣味、好きなファッションなど、自分の内面を作る要素を無視して選ぶわけにはいかないからです。「なりたい」髪を選ぶ大多数の女の子の中、美人が潔く選ぶのは「なりたい」ではなく「似合う」髪。

客観的な目は、美人にとって一番必要なものです。中でも髪型は、それを最重視するべきです。**似合う髪は圧倒的な美人をつくる特別な威力があります。**

髪型アプリを使って試したり、自分撮りしたり、まわりの人たちの意見を聞いてデータをとること。同性だけではなく男の子の意見も忘れずに聞いてみましょう。もちろん美容室のプロの意見もとても大事。また、似てると言われる芸能人の髪型を研究することで、美しさに磨きがかかります。

第三者の意見は新しい自分の魅力を引き出す最高のきっかけにもなります。

男ウケ、女ウケ両方を
手に入れようとすると
中途半端なかわいさしか
手に入らない

わかりたいのに、わかりきれないのが男の子。

ネイルを盛れば「気持ち悪い」。完璧と思ったメイクも「なんか今日疲れてる？」と言われる。逆に、適当に仕上げた手抜きメイクを「なんか今日かわいくない？」と褒めてきたりする。本当に、わからない生き物です。

服でもメイクでも顔でも胸でも脚でも、この世の中のほとんどのものには男ウケと女ウケが存在します。何度も言いますが、その中で一番影響力を持つのが髪。ヘアスタイルというのは、ある意味その人そのもので、看板みたいなものです。

日本を代表するトップスタイリストたちは「これからの上級美人は男ウケか女ウケかを選択して髪型を選ぶべきだ」と言っています。**つまり、女ウケ、男ウケを両方手に入れようとすると中途半端なかわいさしか手に入らず、欲張り女は平凡な美人にしかなれないという話でもあります。**

女ウケなら無難は捨てて個性的な要素を足す。男ウケなら安心感重視で冒険なんてしてはいけません。ほっと癒やされるようなやわらかさと、守ってあげたくなるあやうげなゆるさこそ男心を翻弄します。男ウケ重視の「計算ずくの普通」は、「普通じゃないかわいさ」のことですから。

＼ 美人オーラを今すぐまとう！ ／

簡単ヘアアレンジ

どれも5分以内

ナチュラル
ルーズ編み

1

片方によせた髪を2、3段ほど編み込みする。こうすると3でゆるく崩したときに、崩れすぎが防げる。

2

残りの部分はゆるく三つ編み。

3

毛束を部分的に引っ張り出し崩していく。ゆるく大きな三つ編みになれば完成。

前髪ひねり
ガーリーアレンジ

1

厚めにとった前髪を7：3に分ける。多くとった方をふたつに分け、ゆるくふたつ編み込みにしていく。

2

耳上にピンでとめ、編んだ部分のゆるさや高さを調節する。

ゆる編み
ダウンスタイル

1

髪をざっくり2、3段編み込みした後、毛先まで三つ編みにする。

2

編み込みを指で引き出し崩しを加え、カチューシャをする。

ふんわり
ルーズポニーテール

1

前髪に逆毛を立てたら手ぐしでざっくりポニーテールをする。髪の毛をつまみ出し高さを出す。

2

毛束を2つに分け、ラフにふたつ編みにしていく。

3

毛束を引き出しルーズ感を出す。毛先のみを結び目に巻きつけ、ゴムに挟むかピンで留める。

サイド留め
フェミニンアレンジ

1

好きな顔側の毛束をとり、ねじっていく。

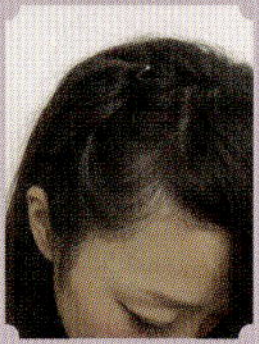

2

耳上にピンで固定。ヘアアクセサリーをつける。

Let's challenge!

ルーズな
くしゅおだんご

1

手ぐしでざっくり片側によせ結ぶ。サイドやトップの表面の髪を引っ張り出し、無造作感を出す。その後ねじる。

2

ねじった毛束を結び目にぐるりと巻きつける。

3

ピンで固定する。おだんご部分を引き出し崩しを入れる。

うぶふわふたつ
編み留め

1

トップと前髪に逆毛を立たせ、分け目をつけふたつに分けたら、それぞれこめかみより上の毛束をふたつ編みしていく。

2

ピンで耳上に固定し表面の髪をふわりとかける。

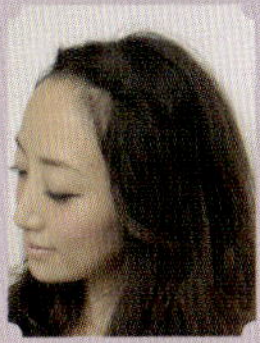

3

編み目を引き出してルーズさを出す。

ゆる抜け
アップアレンジ

1

トップに逆毛を立て全体の髪を左右ふたつに分ける。サイドからふたつ編み込み、途中からはふたつ編みで仕上げる。

2

毛先をくるりと巻き込むように中央より反対側寄りにピンで固定する。

3

逆側も同じようにとめ、後れ毛やルーズなニュアンスを作り抜け感を出す。

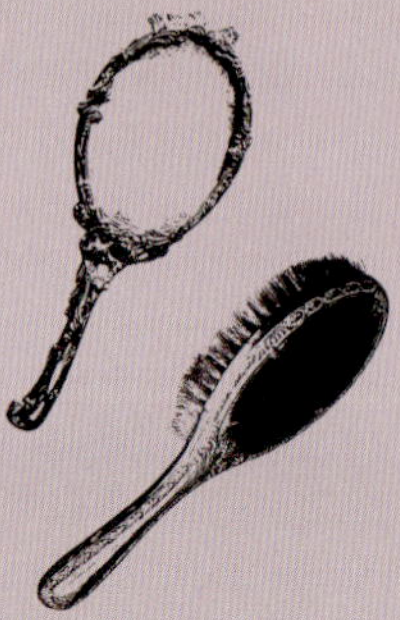

Hair in rainy days

美人は湿気に負けない

トラブルが多発する雨の日の髪。でも美人は、雨も風も雪も嵐の日だってびくともしないテクニックをこっそり駆使しています。

髪質によってトラブルはさまざまですが、まず、ボンバーヘアになる人は、ハチの部分のボリュームさえ抑えれば大丈夫。トップをピンでブロッキングしたら、そのすぐ下のハチ部分の髪の根元をドライヤーをあてながらロールブラシでつぶします。

直毛で、巻いた髪が解けるという場合は、キープ力のあるスプレーを巻く部分の中心にかけておくと、ころんとエッジのあるカールがキープできます。

うねる人は乾かすときが勝負です。髪全体を軽く乾かした後、うねる部分を指で引っ張りながらしっかり乾かしましょう。クセが強い人は、クセの戻りを防止するコート剤を塗ってからブローするのがおすすめです。

全体がぺたっとする人も乾かし方がポイントです。指をさくっと頭の根元に差し入れ、髪を起こすように乾かします。特にトップと後頭部が重要です。

パーマのふんわり感を出したいときは、カール用のフォームをなじませてから手のひらに髪を置き、包みながらそっと持ち上げるように乾かすとやわらかいカールが生まれます。ツヤ感がなくなる人は、髪を乾かす前後にオイルトリートメントをON。選ぶのは、べたつかない軽いオイルにしましょう。

face

眉を整えると流行の顔に変身する

その時代の流行を象徴するのが眉。あなたの眉、古いままではないですか?

メイクの魔法で、なりたい顔を叶えましょう。

生まれた瞬間から肌はどんどんくすんでいきます。でも、ブルーを使いこなすことができれば、透明感と潤い感が自由自在。赤ちゃんのようなやわらかな白い肌すらもあなたのものになります。

vol.2

ほうれい線を消す！

絶世の美女さえ痛々しい女にする破壊力を持つほうれい線。子どもが描くおばあちゃんやおじいちゃんの顔に、必ずこのほうれい線があるのは、決定的な老いの象徴だから。同じ顔でも、このたった2本の縦線を足すだけで、一気に年老いて見えます。

でもほうれい線の本当の怖さは、もう一歩深いところにあります。それは、身ぎれいにしているほど、若いほど、美人なほど、この2本の線から受けるダメージが大きいこと。外見に興味がない人にほうれい線があったとしても、それは自然に受け入れられるかもしれませんが、美人にこの線があると、なんとも痛々しいのです。これこそほうれい線の恐ろしいところ。

女たるもの、ほうれい線を撲滅するのは義務です。ほうれい線は一度できてしまうと、ヒアルロン酸注入レベルでないと消えません。だからこそ、早めの心がけが命綱。ほうれい線は頬や口元のたるみからくるものです。**UVケアを徹底し、ビタミンAC**[A]**E、ビタミンB1、B2や大豆食品、良質なタンパク質でコラーゲンを守りましょう。**

体や顔、頭を温め代謝の低下を防ぐことも重要です。温冷ケアも効果あり。たるみを呼び込む猫背や無表情も厳禁です。**口用の筋力UPアイテム**[B]なども使ってみましょう。

A A: 人参、カボチャ、うなぎ、ほうれんそう、トマト　C: ブロッコリー、カリフラワー、赤パプリカ、柿、いちご、キウイ　E: アボガド、アーモンド、玄米、ツナ缶、たらこ

B パタカラ　スリムマウスピース　スーパーストロング

ぷるぷるコラーゲンを増やすのは
ピーリングしかない

美肌になりたーいとコラーゲンを食べている人、残念ながら口から入るコラーゲンはお肌には届きません。ぷるんぷるんの肌を彷彿とさせる「コラーゲン」、残念ながら、効能は「効いた気になる」くらいしかありません。

でも、このコラーゲンを確実に増やすケアがあります。

それは、ピーリング。

ピーリングとはお肌の表面を少しはがしてお肌の生まれ変わりを促す方法です。お肌が生まれ変われば、肌は透き通り、毛穴は小さく、キメが細かく整うだけでなく、シミが排出されたり、シワやたるみを防止します。ニキビもできにくくなり、できてしまった痕もなかったことにしてくれます。**また、できてしまったシミやシワはとれないものですが、早期発見できたまだうっすら段階のものなら、このピーリングでとるのが可能です。**高い効果を期待するならクリニックをおすすめしますが、ホームケアでも、かなりの美肌スパイラルを実感できるはず。

おすすめは[A]AHA（フルーツ酸、特にグリコール酸がおすすめ）と表示してある洗顔料や洗い流すマスク。少しだけぴりっとするくらいがいいころ合い。ピーリング後は一時的にお肌がデリケートになるのでUVケアと保湿ケアはしっかりしましょう。

A クレンジングリサーチソープ、ヘレナルビンスタイン　プロディジー　リプラスティ　ピールマスク、Sunsorit Skin Peel Bar

ピュア眉をマスターして
最先端の美人になろう

かわいい女の子が最近増えたのは、きれいな眉の絶対条件が変わったから。

眉は顔全体の印象を強く決めます。だからこそ、きれいな眉を手に入れるだけで、かなりの美人に見えます。ただ、左右のバランスが崩れたり、抜きすぎてしまったりと、そのバランスが本当に難しい。

でも、ここ最近新しくなった眉の法則は女の子の味方です。ひとつも難しいことはありません。カットやセンスも必要なし！


目指すべき眉は、もともとの地眉を生かしてふんわり仕上げる眉です。


この眉の最大のポイントは「素」を感じるピュア感。

ピュア眉に必要なのは、髪より2トーン明るい、ソフトブラウンのアイブローパウダー[A]と、同じくソフトブラウンの眉マスカラ[B]。パウダーは濃淡2色入りのものがおすすめです。眉マスカラのパール入りはギラ浮きするので、必ずないものにしましょう。パールなしの眉マスカラが、淡く仕上げふんわり感を引き立てます。

また淡いソフトブラウンは、肌の透明感を大幅UPさせます。お肌のあらもくらませてくれるので、美肌の印象がつきます。

A ポール＆ジョー　アイブロウパウダー、ナチュラグラッセ　アイブロウココア、レ・メルヴェイユーズ　ラデュレ　アイブロウパレット

B リンメル　プロフェッショナル　アイブロウ　マスカラ

それでは、実際の流れを見ていきましょう。55ページに写真がありますので参照してください。

1．まず、スクリューブラシか綿棒で毛流れを整えながら、眉についているファンデーションやパウダーをとります。

2．ブラシに明るいほうのパウダーをとり手の甲につけ、余分な粉を落とします。ブラシの中までパウダーをなじませます。

3．眉頭ではなく、目頭から眉まで直線に伸ばした位置の内側から眉山までの眉下ラインをなぞり太さを出します。このとき少しオーバーラインぎみにのせると直線的な太さが出てピュア感が引き立ちます。

4．眉山から眉尻を暗いほうのカラーを使って毛流れと同じように流します。

5. 色抜けしている部分はブラシでとんとんとやさしく埋めていきます。

6. 目頭直線上から顔の中心にかけての眉頭はブラシに残っているパウダーでうっすらとぼかします。このときブラシに新たに色をつけ足してのせるのは厳禁。パウダーを新たにつけると、眉頭が濃くなってしまい、わざとらしくなります。

7. 眉マスカラのブラシから余分な液をとります。ボトルの口でしごくかティッシュオフ。ブラシの毛がきれいに見えるくらいがいいころ合いです。

8. 毛流れに逆らって眉尻から眉頭に向かって塗ります。こうすることでまんべんなくカラーリングできます。

9. 眉頭から眉尻に向かって毛流れを整えながらカラーリング。最後に眉頭の毛を額に向かって立てるように整えると、少女のようなピュア感とナチュラルなラフ感が出ます。

この方法は、毛をカットしない上に、毛流れをアピールできるので、ベビー級のうぶうぶ感が手に入ります。淡くやわらかな眉は、目をぱっちり大きく見せます。眉山の角度はあえて作らず、ゆるやかなカーブをキープすることで、やわらかくナチュラルな印象になります。眉尻を除いた部分はすべてほぼ同じ太さで仕上げること。眉尻は口角から目尻を通った延長線より長くならないようにしましょう。長くなるとエレガントな雰囲気が強くなり、ピュア度が低下してしまいます。

パウダーのみで仕上げることでやわらかな抜け感が実現します。髪の項でもお伝えしましたが、美人になにより必要な「抜け」がここでもカギを握ります。

眉山から眉尻にかけての底辺の産毛はそらない、抜かないようにしましょう。ここが旬な美人になくてはならないうぶさを際立たせる大きなポイントです。

最新の顔にチェンジ♥

眉の描き方

1

毛流れに沿って
ブラシで整える。

2 パウダーをつけたブラシを準備。
手の甲で余分な粉を落とす。

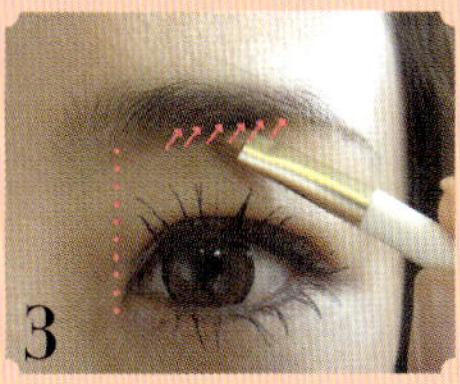

3

直線的になるように
矢印の部分をなぞり
太さを出す。

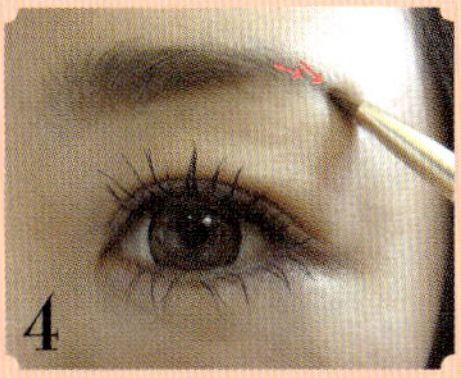

4

眉山から眉尻まで、
暗い方のカラーで
毛流れに沿って流す。

5 色抜けしている部分を
ちょんちょんと埋める。

6

毛流れにそって眉山をぼかす。
新たに色をつけ足すのはダメ！

7 眉マスカラを準備。
ブラシの毛がキレイに見える
くらいがいい具合。

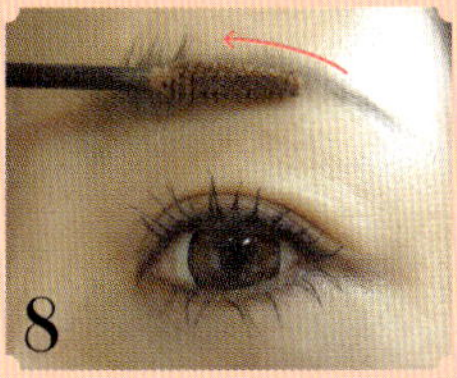

8

毛流れに逆らって
マスカラを塗る。

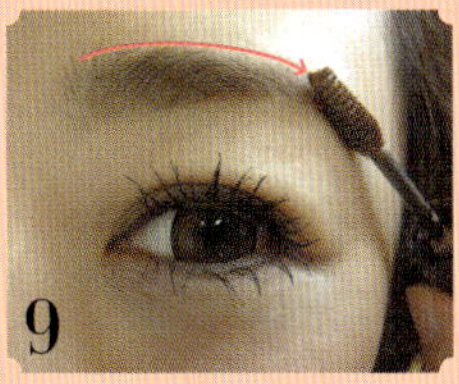

9

最後に毛流れに沿って
整えながら塗る。

洗練されたメイクを作る
魔法の問いかけ

メイクには大きく分けると2種類のメイクがあります。

ひとつは美人に見せるメイク。もうひとつはおしゃれに見せるメイク。


このふたつのベクトルはまったく違う方向。だからメイクをする前に今日はどちらの自分でいくのか、自分に問いかけることが必要です。

「今日は美人なわたし？　おしゃれなわたし？」

こうすることでメイクの迷いがなくなります。迷いのないメイクは女の子を洗練させるのです。


ただ、美人に見せるメイクテクは、美容雑誌や女性誌でたくさん見られますが、おしゃれに見せるメイクの情報はなかなか見つけられないと思いませんか？

次の項では、モデルやスタイリスト、デザイナーにメイクアップアーティストなど、おしゃれ界のスペシャリストたちのおしゃれメイクの秘訣をお伝えします。スペシャリストだけが知っている、おしゃれ見えするとっておきのオキテを知っておきましょう。

メイク時間は長いほど
ダサくなる

おしゃれ見せメイクの絶対ルールは完璧すぎないこと。

例えば、壁のように塗った肌にアイシャドウ、アイラインにつけまつげとマスカラを重ねた完璧なメイク。でも残念ながら、このメイクではどれだけかわいい服を着ていても、すべてが古くさく見えてしまい、とてもおしゃれには見えないでしょう。

顔の印象が強くなるほどおしゃれには見えないという法則があります。

おしゃれ顔メイクで肝心なのは、ここでも「抜け」。**特に「肌」がとても大事です。**

まず、素肌が透けて見えるくらいの極薄ファンデーション[A]か、潤い系下地[B]や美容液[C]と乳液[D]を足したもの＋パウダー[E]でベースを作ります。もちろん気になる部分はコンシーラーでカモフラージュしてもOKですが、**心細いくらいがちょうどいい加減。**そばかすやクマもあえて隠しきらないラフ感。この、まるで素肌な抜け肌がこなれた雰囲気を効かせる最重要ポイントです。

そして、ポイントメイクは一点、二点盛りにおさえるのが断然おしゃれ。ポイントを絞り、他のパーツはさらりと仕上げると、素肌のキレイさが一気に洗練されます。

A キッカ　ラヴィッシンググロー　ソリッドファンデーション、イプサ　ピュアプロテクトリキッドファウンディション EX

B キッカ　ラヴィッシンググロウメイクアップベース　シマー、アルビオン　エクシア　AL　メイクアップセラム

C SKII セルミネーションエッセンス EX、チャントアチャーム　ハーバルスキントリートメントミルクジェル、ヘレナルビンスタイン　プロディジー PC セラム

D SKII ステムパワー、アルビオン　エクサージュ　モイストクリスタルミルク、インプレス　リファイニングエマルジョン

E キッカ　パウダーファンデーション、ソニア　リキエル　プードゥルフレッシュルサン、ナチュラグラッセ UV シフォンパウダー、コスメデコルテ　AQ　フェイスパウダー N

独特のぬめりがある
色気が香る肌を持とう

女たるもの、常に色っぽい存在であるべきです。
色気がなければ美人として認められません。私たちが目指すべき色気は、ピュアで上品な色気。これは、**ヘルシーな湿度**から生まれます。

少し前に流行した「エロかわいい」より、もっとピュアで上品な湿気感。いかにもの肌の露出や、ねっとりしたしぐさはただ下品で安い女になってしまうだけ。色気は内側からじわりとにじみ出す蒸気のようなもので、もっとずっと奥ゆかしいものです。欲しいのは、隠していたものが思いがけず見えてしまったような危うさ。色気の正体は攻めではなく、思わず守ってあげたいと思わせてしまうところにあります。

この色気、とても入手困難に見えますが、色っぽい女の子には、ひとつ、共通項があります。

それは、**色気の香りがする女の子の肌は、独特のぬめりに似た湿気があること**。そこからじんわりとフェロモンみたいなものがにじみ立っています。

押さえるべきは、この質感を忍ばせるテクニック。次の項で、この魅力を入手するための肌作りをお伝えします。

生ジューシーな肌に必要なのは
オイル・乳液・下地

色気の湿気を放つお肌は、あえて完璧にしないお肌です。隠したい部分も透けて見えてしまうくらい無防備な肌を作りましょう。必要なのはオイル[A]、乳液、下地[B]、パウダーの4つ。下地はやわらかい肌になりたいときはピンク、透明感を出したいときはピンクとブルーを1対1で混ぜます。

まず、お肌をぬるま湯で温めたら（スチーマーや温タオルでもOK）タオルでふかずに手で水気をなじませます。そして、オイルを手のひらに数滴とり、温めてから顔全体にのせ軽くマッサージ。オイルを仕込むことで、独特のぬめり感と発光するツヤが実現します。次に乳液を顔全体にのせ、手のひらでしっかり押し込みます。**肌を白くもちもちにしてくれる乳液は、潤いたっぷりの生ジューシーな肌には欠かせません。**その後、透明感のあるピンク下地をとんとんとのせていきます。このときに指の温度を加えることを意識しながらしっかり密着。最後にテカるとブス度がUPしてしまう眉間、ほうれい線、小鼻のみにパウダーを乗せていきます。たったこれだけで完了。

あえてファンデーションを使わず、下地のみで仕上げることで素肌と光と体温がMIXされたようなスキのあるヌード肌が完成します。また、崩れることなく1日中ジューシーな肌をキープできるのも下地オンリーメイクの強みです。

A トリロジー　ロザピンプラス、リュミエールブラン　グラース　アルガンオイル、ヨンカ　セラム

B ピンク系下地：RMK コントロールカラー N02、イプサ　ピュアコントロールベイス EX ピンク、アディクション　プライマーグロウ

B ブルー系下地：RMK コントロールカラー N03、イプサ　ピュアコントロールベイス EX ブルー、ナチュラグラッセ　カラーコントロールピュレ　BL

白い部分が白いだけで
3倍美人になる

美人見えの簡単な法則があります。それは、白い部分が白いだけで誰でも3倍は美人に見えるということ。

例えばにこっと歯を見せて笑った画像を2枚用意して、1枚目の歯と白目を黄色で塗り、もう1枚は白で塗ってみましょう。そうすると一目瞭然。黄色いほうは不潔な印象が押し出されブス度満点。白いほうは数倍かわいく洗練されて見えるはずです。どんなに整った顔立ちでもこの2箇所が濁るだけでブスに見えてしまう。賢い女たちは、すでにこの白の効能を活用し、美人見せを成功させています。

女として一歩抜き出たいなら白い部分は抜かりなく白くすること。

白美容に効くものを探し求めて数年ですが、ひとつ、おすすめしたいものがあります。それは、白目を白くするといわれているお茶「決明茶」。洗眼と合わせると効果的。ベビーのような青みを帯びた目になれます。また、デートのときには、目薬[A]がおすすめ。白の威力を実感できるすぐれものです。

濁りのないうるうるEYEは女のたしなみ。白い歯[B]は日ごろの丁寧なお手入れと、定期的に歯医者さんに通って磨きをかけましょう。

B Crest 3D WHITE

A バイシン充血クリア

隠しブルーをマスターして
なくした鮮度を取り戻す

ピチピチしていて、やわらかくっていいにおい。人は新しいものが大好きです。そんな鮮度重視の世の中で、持っておくべき武器はピュアさ。年を重ねると、女のまろやかさは洗練されていくけれど、初々しさは薄れていきます。だからこそ、うぶな大人の女は特別です。実はピュアさは、アイメイクをちょっと工夫するだけで持つことができます。これをマスターしておけば、疲れた日も一瞬で白人風の白肌に澄みわたります。カギはブルーを使いこなすこと。簡単なテクニックが3つあるのでご紹介します。どれかひとつだけでもかなり効果。組み合わせるのももちろんOKです。

まずひとつ目は、淡い水色の**クリーミーシャドウ**A をまぶたと涙袋にベースとして塗る方法です。透明感あふれるみずみずしい目元になります。シャドウではなくブルーのコントロールカラー（下地）でも◯。

ふたつ目は、**インサイドラインにブルー**B を仕込む方法です。上まぶたに仕込む場合は深いブルー、下まぶたの場合は淡い水色が効果的です。濡れたような憂いとあどけなさが入り交じった印象的な目元になります。

最後は目頭にブルーを添える方法。目頭のくの字ゾーンにほんのりパーリィーな**水色シャドウ**C を仕込みます。涙をためているような、きゅんとくる潤みが出ます。

A RMK クレヨン&パウダーアイズ 03light Blue

B 上まぶた：アディクション アイライナーペンシル ナイトダイブ、MAC アイコール ブルーズ
下まぶた：RMK クレヨン&パウダーアイズ03

C THREE シマリングカラーベール 33、アナスイ ダブルアイカラー 03、イプサ アイカラーコントラスト A15

美人よりモテる表情美人

異性はもちろん、仕事からも運からももてはやされるのが、美人の特権。

でも、美人よりもっとずっと愛されるのは表情美人。子どものように愛くるしい表情は最強です。くるくると変わる表情ってその人をとても愛らしく見せるだけではなく、心の豊かさを感じさせますよね。

自他ともに認めている自称「美人よりモテるブス」の友人いわく「顔は表情でいくらでもカバーできる」らしい。極端な話だけど、それくらい表情は人を魅力的に見せる効力があります。確かに彼女の純粋無垢な表情は実に絶品です。

くるくる大きさを変える目や、そんなに動きのバリエーションがあったのかと感心してしまうくらい伸縮自在な口元。コロンコロンと変わる表情を見ているとなんだかとっても幸せな心地になるから不思議。まわりはついついその表情に引きつけられて心踊らされてしまうんです。

表情美人の魅力はここ。人を幸せな気持ちにできる人は、愛される人です。ここで注意したいのは、表情が大きい＝表情美人ではないことです。オーバーリアクションのことではなく、子どものような屈託のなさが重要なのです。目指したいのは綾瀬はるかのようなナチュラルで愛嬌たっぷりの表情や長谷川潤の伸びやかな表情です。

ぷるんと潤う唇で
忘れられない女になる

メイク前に唇にリップクリームを塗る女の子は「わかってる」人です。

顔の主役は、どうしても目だと思われがちですが、実は唇こそ大本命。唇がぷるんと潤っているだけで女の子は数倍かわいく見えるのです。逆にガサガサだと、どんなにかわいらしい顔だって台無しです。

だから、メイク前にお肌を潤わせるのと同じように、唇にもリップクリーム[A]**を欠かさないようにしましょう。**グロスでも口紅でも、塗る前の潤い補給は美女としてのマストテク。ふっくらうるんとした唇は、女の子の特権であり、人を引きつけてとりこにする武器でもあります。

内側からぷるんと潤う唇で忘れられない女になる。唇のジューシー感は顔の完成度に響きます。うるっぷりんになる一番のおすすめは、こっくりした重さのある**リップバーム**です。リップクリームよりも厚い膜を作ります。撮影をするときにも、プロのメイクさんが使うのもほとんどこれ。

リップバームで潤いを足したら、その上に色や質感も重ねていきます。いくつかのテクニックをお伝えしますね。

A シスレー　バームコンフォール、ジルスチュアート　フルーツリップバーム、BURT'S BEES ビーズワックスリップバーム、Dr. Hauschka リップクリーム

まず、女子力向上を狙うなら、旬の赤やオレンジをぽんぽんと指でスタンプ塗りにします。ぽわんと内側から色づく感じが今っぽくおしゃれです。欠かさずポーチにしのばせましょう。

シロップみたいなクリアグロスは、たっぷりのせておいしそうな唇に。

また、自分の肌にぴったりくる究極のベージュリップは断然そろえておきたい1本です。ベージュは女の子をとびきり美人に見せる色。お肌も引き立てます。コツは、自分の肌より白いものは選ばないこと。合うものはひたすら試すしかないけれど、やっと出合えた1本は運命の恋人級に女の子をキレイにしてくれます。

ミルキー系のかわいい唇を作りたいなら、上唇の山と下唇の口角にコンシーラーでアウトラインをとってなじませてから、ノンパール・ノンラメのクリーミーな口紅を塗りましょう。色はなめらかなミルキーカラーがベスト。その上から上唇の山と口角にうるうるのグロスを重ねるとかわいさが濃密に。

食事やデートのときには、1本でリップケアとジューシーな唇がかなう色つきリップスティック[A]がおすすめ。鏡を見なくてもさらっと塗れるし、カップにもつきにくくなります。なによりべたっと見えないほどよい質感が、キスしたいと思わせます。

A BURT'S BEES TINTED LIP BALM、alima pure リップバーム

余談ですが、グラスやカップについた跡は、ときにはイタいことがありますので、さりげなく親指でふきとった後、ナフキンで指をふきます。でも、なかなか上品にこなすのは難しいですね。ここではじめから落ちにくい唇にしておく方法があります。

まず、×××と描くようにリップライナーで唇を埋めます。その上からリップクリームやバームをさらっと重ねると、ほどよい血色感をキープしながら、口紅の跡もつきにくくなりますよ。

また、唇が厚すぎるから目立たせたくないという声をちらほら聞きます。

厚い唇の色っぽさはとても魅力的なものだと思いますが、それでもやっぱり気になるなら、ファンデーションを塗るときに唇の輪郭にもぼかすように塗りましょう。

そして、色味の強すぎないグロス[A]や口紅を本当の輪郭より少し内側からさらっと塗ります。これだけで、さりげないけど超ビューティーな唇が仕上がります。

きゅんとくる唇にはお手入れも肝心。専用のスクラブやトリートメントもありますが、いつでも簡単にできるのが、ハチミツと粒が細かい黒砂糖を混ぜたもの。それで、くるくると小さな円を描くようにマッサージし、ラップを重ねて3分置くと、とびきりベビーな唇ができあがります。

A SKⅡ　クリアビューティーリップグロス311、イプサ　リップコートグロスNC10

キレイの賞味期限

「ケチは美人になれない」というのは、美容業界での常識。これは、高価なものを使わなければいけないということではありません。チビチビ使って長持ちさせようと思っては効くものも効かない、ということです。ほとんどの基礎化粧品は美肌効果を考え1本1カ月半〜2カ月くらいで使いきるよう計算されています。ですので、1本を何カ月も使っている人は要注意。また、一度開封すると、酸化したり雑菌が入ったり、湿気や直射日光で中身が変質してしまうこともあります。

スキンケア系の化粧品は、一度開封したら遅くとも3カ月以内には使い切りましょう。使用できる最低期限は6カ月ですが、効かせるなら3カ月。去年の日焼け止めや半年以上使っているクリームは、美肌どころか汚肌を育ててしまいかねません。期間内でも分離や異臭、質感がおかしくなったら、すぐに使用中止にしましょう。特に直射日光が当たるところ、お風呂など湿度の高いところでの保管は厳禁です。清潔な手で扱ったり、使った後はキャップの口をふきとるのも美人の知恵です。

メイクアップアイテムは2〜3年もつといわれていますが、形状が変化してしまったものはもちろん×。雑菌が繁殖しやすいマスカラは眼病の原因にもなるのでかたまり始めたら交換すること。チップやブラシは1週間に一度は洗って清潔にしましょう。

美人を作るお風呂の魔法

美人は、見えないところで抜け駆けしています。なんにもしてないような余裕を見せているけど、実際は少しでも美肌になるよう、少しでも脚が細くなるよう、少しでもキレイが長続きするよう常に実践しているのです。

その中でも美人がとっても大切にしているのがお風呂タイム。お風呂は、キレイを作る儀式みたいなものです。

疲れた夜や忙しい朝には「めんどくさーい！」と思ってしまうこともあるけど、キレイになりたいならこの時間を逃す手はありません。まずはお風呂を、あなたを最高の美人にするスパだと思いましょう。

例えば夜のバスタイム。ピカピカの照明は消して、バスキャンドルや間接照明でムーディーにします。うっとりする香りのバスソルトやバスオイルを湯船に入れて身も心も解放。

お風呂に入るときは、体が温まりやすくなるように首すじ、鎖骨、腕のつけ根、おなか、腰、脚のつけ根、膝裏、足首を各10～15秒ずつシャワーで温めてからバスタブへ。関節を中心にシャワーをかけましょう。半身浴もいいけれど、冷えが大敵な女子は肩までしっかりつかるほうが断然効果的です。首や肩まで温めることでお肌の保湿力も高まり、痩せやすい体も手に入ります。

特別にダイエットしていない限りは15～20分ほどで十分です。ダイエットのときは30分以上つかると、よりやせやすくなります。本を読んだり瞑想《めいそう》したりボディーマッサージしたりと好きなことをしてリラックスしましょう。また、シャワーから出た蒸気には、マイナスイオンが含まれています。勢いよくシャワーを出して、お肌を潤わせましょう。

その後ボディーウオッシュ。夜はたまったものや汚れをすっきり落とす石けん[A]で顔と体を洗うとお肌がとっても軽くなります。ボディソープや洗顔フォームは使ったとき、肌がヌルっとしたりしませんか？　それは、余分なものが入っているからです。その点石けんは余分なものが入っていないので、洗顔フォームやボディーソープよりも汚れをしっかり落とせます。

洗うのはやわらかい手がベスト。もしくはシルクがおすすめ。お肌は硬いものもので洗ってしまうと、その固さになってしまいます。

お風呂上がりはタオルでごしごしふかないで、そっと大きな水滴を吸いとるくらいにします。まだ水気が残るくらいにして、ボディーミルクやクリームを仕込むのが

A 顔用：エスティーローダ　ビタエンリッチバープラスリフィル、ドクターケイ　ケイカクテル　Vプレミアムソープ、AQ MWフェイシャルバー

A ボディ用：J'attache Organic、mosaka Organic、SODASAN

ふっくらもちもち肌になる秘訣です。顔はタオルドライしないようにしましょう。手で水気を化粧水と同じような感覚でなじませ、乳液やオイルをのせることで乾燥防止&保湿強化。その後着替えたらスキンケアを丁寧に開始します。

また、美人は朝にもお風呂に入ります。朝のバスタイムはその日のキレイを押し上げる大切なひととき。シャワーを夜と同じように浴びたらバスタブへ。入ったら、これから始まる1日の期待と願いを込めながら、ゆっくり大きく深呼吸しましょう。
バスタブに10分ほどゆったりつかりながら、オイルで顔からバスト、首、肩をマッサージします。入浴中のオイルマッサージはお肌がぷるぷるになるし透明感も倍増します。また、後から続くスキンケアの浸透もUP。体はさらっと洗い、香り重視でボディーウォッシュを選びます。その日の気分にぴったりくる香りで気分上昇をはかりましょう。シャンプーはシャンプーブラシを使ってマッサージ効果もプラスすると、頭の中がすっきりするだけでなく、顔の血色もよくなり、湯上がりの上気肌が長続きします。髪はサラサラ、顔のしわとたるみの予防になり、目は大きく、顔もきゅっと締まって見えるという、うれしいことづくめです。

寝ている間に
美人とブスの差がひらく
美人の抜けがけ睡眠美容

美人が重視するのは、バスタイムに続き睡眠時間。

美肌やスタイル維持に欠かせない成長ホルモンなどが分泌される時間です。いい眠りは美人を育て、下手な眠りはブスを育ててしまいます。**そこを分けるカギは「質」**。まず、眠りの質を上げるには環境を整えることからスタートします。お布団や枕、パジャマは心地いいシルクやコットンの生地にして、色もやわらかなピンクやオフホワイトにしましょう。また、寝る前の60分は上質な眠りを招き入れるための重要な時間。ぴかぴかの照明は消し、間接照明やキャンドルのあかりに包まれながら、ストレッチをしたり、心休まる音楽を聴いてリラックスします。アロマの香りを練り込んであるマインドバーム[A]やアロマオイルを首すじに仕込んで、心身ともに緊張を解きほぐしましょう。そして嫌なことは夢の中に持っていかないよう、日記やメモに吐き出します。こうすることでダメージを繰り越しません。

また、美肌ホルモンをぐんぐん促進するおすすめの方法があります。それはローズやジャスミン、イランイランの香りを枕かデコルテに移しておくこと。特に白い花の香りは子宮に響くといわれています。男性を誘うホルモンが出て、恋に落ちたときのようなつやつやの肌も手に入るとっておきの技です。

A BADGER

Let's study languages to get half face

ハーフ顔になるにはまず語学

女の子なら一度はなってみたいと憧れるハーフ顔。最近は、カラコンやつけまつげのおかげでハーフ風を楽しめるようになりました。でも、素顔をハーフ顔にしたい！という人のために、実はあるんです、整形よりも完成度が高くってナチュラルな方法が。

それはなりたい顔の言語を学ぶこと。うそのような話だけど、今までこの方法で、素顔が外国風になった美女たちをたくさん見てきました。だからこそ自信を持っておすすめします。

言葉は顔の骨格を形成する重要な要素です。言語によって口の動きは異なりますので、使う顔筋によって、顔の印象が左右されます。特に顔の下半分の形が独特の雰囲気を作り出します。

例えば韓国と日本の女性の顔は、とても似ているのになにかが違いますよね。このなにかの正体が顔の下半分。写真で隠して見るとよくわかります。

鼻から下が違うだけで顔全体だけではなく、全身から湧き立つオーラの印象が変わります。フランス女性のアンニュイな顔に憧れフランス語を習い始めた友人は、半年たった今、まさにフランス人とのハーフのような顔です。極薄メイクなのに、メイクで作るハーフ顔よりリアルなハーフ感があります。言葉だけではなく、その国の人たちと触れ合うことで特有のしぐさや空気感が伝染するのも語学の効率的なところ。フレンチシックなメイクや着こなしの力もあり、今では「ハーフ？」と聞かれるほどになりました。整形を越える語学は、試す価値ありの美容法です。

「キレイだね」より
「いいにおいだね」と言われるのが
本能に響くいい女

香水は、香らせようと思うと失敗します。
コツは、隠れた場所につけること。香りは隠すとうまく香るのです。服の下やふとももなどにつけ、「本当は隠していたものがうっかり香ってしまった」ようにします。香りは、品のある色気とセットです。重ねづけを取り入れて、解き明かせない香りをまとう美人になりましょう。

vol.3

香り

perfume

ひと鼻ぼれで選ぶ香り

「いいにおいだね」は最高の褒め言葉。「キレイだね」より「いいにおいだね」の方が女として断然上級。それは香りは真っすぐに奥のほうまで響くものだから。本能に響く女、五感すべてをうっとりさせることができる女は最強無敵だと思うのです。「いいにおい」といえば香水。体温と解け合って、世界でたったひとつの香りになる香水は分身のようなもの。だからこそ香水は駆け引きなしに本能で選びたい。

でも、香りを選ぶときは、なかなか選びきれないことが多いですよね。試すうちにだんだん鼻が効かなくなってまた迷う……。

まずは本能を重視しましょう。ひと目ぼれのように直感できゅんとくる香りを選ぶのが先決です。**コツは右の鼻で香りをかぐこと。**右の鼻は好き嫌いを判断する右脳につながっているから、「きゅん」の香りを間違いなくかぎ分けてくれるのです。

香水をつけたムエット（試香紙）を鼻から5センチくらい離した右側に持ち、口をしっかり閉じて、鼻から息を吹きかける。こうすることでふわんと香りが自然に鼻に入ってきます。この方法だと鼻が鈍感になりにくくなります。また、自分の体温や体臭によっても香り方が違ってくるので、これというものに出合ったら、香り具合を1日かけて確認することをおすすめします。

恋を引き寄せる香りはジャスミン、イランイラン、ユリ、ガーデニアなどの白い花の香り。痩せてみえるのは、シトラスやグリーンなどのすらっとした香り。
ふっくら見えるのは甘いフルーティな香りや、バニラやコットンキャンディのようなお菓子の香り。愛されたいなら、ローズやすみれ、シャボンの香り。色白に見えるのはみずみずしく透明感のある白い花の香りです。

男心をとりこにする「恋する香り」の作り方

恋の香りといえば「残り香」。

離れている時間に感じる恋人のにおいほどきゅんとくるものはありません。その香りのせいで恋しくて切なくてどんどん好きが積もっていく。

最愛の彼にそんな恋モードを高めてもらうためにも、彼のおうちやお布団に、マーキングならぬ残り香をこっそり置いてきましょう。これはものすごく好評、そして有効。残り香を味方につければ恋を優位に導くことができます。


あざとくならないポイントは、香水ではなくボディーミルクやクリームを使うこと。


いつもつけている香りと同系統の香りのものを使うと効果的です。

彼の部屋にお泊まりなら、お風呂上がりにはボディーミルクやクリームを体に仕込んで潤いと香りを両方チャージ。あえて彼のスエットやパジャマを借りて香りをほんのり移すのもコツ。お布団にもほんのり残る香りが会えない時間の切ないキモチを盛り上げてくれるはず。

置きアイテムが許されるステディーな彼なら、愛用の香水やボディークリーム、香りのついたふわふわパジャマなんかを置いてくる。これもなかなか効き目のある恋のたくらみ。会えない時間こそ恋する気持ちが育ちます。強く深く育てましょう。

美人オーラの正体は
ラストノート

香りにはブスオーラを放つものと美人オーラを放つものがあります。
例えば、電車やエレベーターの中でつんと鼻を襲ってくる香りはブスオーラ、しぐさや体温にのってほのかに香り立つのが美人オーラの香りです。**ブスオーラはどんな人もどぎつく下品に見せるし、美人オーラはかわいいを底上げする力を持っています。**

ブスオーラにならないためには、香りの変わりゆく過程を知っておくことです。

まずはトップノート。つけてから5～10分くらいで、アルコールのきつさを感じるつんとした香り。この香りで誰かに会ってはダメ。これこそブスオーラの香りです。

次のミドルノートは、トップノート後から30分～2時間くらいの香りが立ってくる時間。大切な約束の前は逆算して2時間前までに香りを仕込む。これが美人オーラをまとう秘策です。外出はこのミドルノート以降からにします。香水はこのノートをメインに調香されています。香水を選ぶときはこのタイミングで選ぶのがベスト。

最後がラストノート。このラストノートこそ美人オーラの香り。つけて2時間以降から消えゆくまでの香りです。ラストノートの魅力はつけている人のにおいや体温と溶け合い、たったひとつの香りとして内側からゆったり香るところです。もはや香水ではなくその人のにおいになるこの香りは、存在自体がいい女と思わせる威力あり。

心を奪う香りのしのばせ方

動いたとき、不意打ちで漂ういい香り。**本当に心を奪うのは、見え隠れする香りです。**まず、香水のつけ方をおさらいしましょう。正しいつけ方は、20〜30センチ離してスプレーをし、蒸発を待つこと。厳禁なのは、香水を手首にしゅっと吹き、こすることです。こすると、香りの分子が崩れてしまいます。

香りは毎日同じ場所につけるのではなく、会う人や場所などに合わせて仕込む場所を厳選すること。シミにならないよう、日中なら日光の当たらない部分につけます。体温の高いところの方が香りは立つので、太ももやおなかがベスト。鼻から距離のあるおなかから下につけることでほのかな香りを放つこともできます。夜は日光の心配もないので、しぐさに合わせます。デートなら、近づいたときに香るよう首すじに、ドライブなら脚を組み直すたび香るよう膝裏や内股に、色っぽさを足したいときには胸の下に。動きや狙いに合わせて香りを仕込むことで隠れていた香りが顔を出します。

最後に、男の子の大好物、髪と背中の香りの仕込み方を。背中は、首のつけ根につけておくとコートを脱がせてもらう瞬間ふわり。髪は、洗うときの仕上げに香水をワンプッシュ加えたぬるま湯ですすいでみます。そうすると、make loveのとき、体温の上昇とともに淡く香り出すという秘め技。お試しあれ！

自分だけのにおいでないと
意味がない

水着でもワンピースでも、女同士でかぶってしまったときって、とても残念。でも、それより避けたいのは「香り」のかぶり。香りって女にとって分身でありオーラです。だからこそ、「前カノと同じにおい」なんて絶対に言わせちゃいけません。まとうなら、あなただけのヒントのない香りじゃないと意味がないのです。メイクでも髪でも、それどうやってるの？と思わせるのが上級の美人。そんなときに有効なのが、香水の重ねづけ。２本重ねることでぐっと深みを感じる響きになります。**合わせるときのポイントは、入っている花のどれかひとつを合わせること。**ローズならもう片方もローズの香料が入っているものを重ねます。こうすることで、重ねてもうるさい香りになりません。

同じ場所でそのまま重ねるのもいいし、場所によってつけ分けるのもよし。バストと背中で違う香りを仕込むのも魅惑的です。香りレイヤード初心者さんには、お気に入りの香水と同じ花の、シングルフローラル[A]の香水を重ねるのがおすすめ。これは絶対失敗しません。ひとつの花だけで作られたシンプルで可憐な香りのシングルフローラルはいろいろな香りと重ねづけしやすく、オリジナルな香りを作ることができる、持っていると便利なマストアイテム。

[A] 私はローズのフレグランスを愛用しているので、シングルフローラルの香水はアニックグタール　ローズアブソリュオードパルファム。

Fix your perfume

香りのお直し

美人は、24時間いつでもいい香りを漂わせることができます。それは、メイクと同じように「香りのお直し」を知っているから。１日中いい香りでいられる裏技で、美人オーラを格上げしましょう。

まず、香りを持続させるのに一番効果的なのは、夜、お風呂上がりに「ベッドフレグランス」として香りをつけておくこと。朝つけるのと同じ場所に仕込んでおくことで、翌日の香りに奥行きが出ます。もともとの体の香りがこの香りなのではないかと思うくらい内側から香らせることができます。

日中の香りのリタッチは４～５時間に一度が目安。下半身の１スポットに１プッシュくらいがいい具合。におい消しとして脇や靴につける人がときどきいますが、これは厳禁。皮脂や雑菌と交わると、香水も悪臭に変化してしまいます。お泊まりやバスタイム後の予定にはボディーミルクやクリームがおすすめ。香水よりずっとなめらかで温度を感じる色っぽい香りはＬＯＶＥモードを加速させる秘薬のようなもの。

洗練された女なら、香水を吹きかけたレースやハンカチをランジェリーケースにしのばせましょう。女としての自分を堪能することができるし最愛の彼との大切な時間も盛り上げます。もちろんバージンフレグランスといわれている石けんの香りも効果的。

体

body

思わず触れたくなる
とろけるような肌と
抱き心地のいいふんわり
やわらかな体は美女の特権

もちもちふわふわのボディーは、スクラブとクリームでできています。

とにかく湿度が大切です。

美しいデコルテと背中、首を手に入れるために必要なのは、お風呂でのケアと、スキンケア。

お風呂から出た後水滴を拭きとらずに、クリームやオイルを塗る習慣を取り入れましょう。

vol.4

思わず触りたくなる
なめらかな背中の作り方

女性を魅力的に見せる肌見せポイントといえば胸元や脚、腕。でも、一番女性を美しく見せるのは背中ではないでしょうか。
普段見えない部分だからこそ、その吸引力は別格です。

いつでも触れられてOKな背中にしておく。磨き上げられた背中は、特別な女の証です。

でも、背中のケアをなにもせずに放置している人は、かなりたくさんいるのではないでしょうか。
背中は体の中でもトラブルを抱えやすいデリケートな部分。間違ったケアをしたり放置したりしていると、肌を痛め、ニキビやシミなどの原因になることもあります。
肝心なのは背中を顔だと思ってケアすること。

背中の肌は他のボディーパーツと比べて顔の肌に近い構造です。ごしごしと背中を洗っている人は要注意！　背中は顔と同じように手、またはやわらかいもので洗うのが鉄則です。古い角質がたまらないよう、定期的にピーリングでお肌の生まれ変わり

を支えてあげるのも大切です。お風呂上がりにはローションで整え、ミルクやクリームで潤いを守り、吸いつくような肌を作りましょう。もちろん背毛も抜かりなくお手入れ。一番のおすすめは、永久脱毛です。毛穴がなくなり、自分でするケアが失敗して痕になる心配もありません。自分でそるときは、お風呂で肌を温めやわらかくなったタイミングで行います。乳液やクリームを使い、そった後もクリームやローションで整えましょう。毛に逆らわないようにそるとお肌を傷つけません。

また、脱毛器具はお肌を痛めないように設計されているので、これを使うのも安心です。毛抜きを使うのは厳禁。毛穴の中で皮膚を引きちぎっているようなものです。出血を起こしたり、黒ズミ、でこぼこ、シミやニキビの原因となってしまいます。

また、背中の肉をとるには、正しい姿勢でいることが大事です。

そして、正しくブラをつけましょう。背中と脇、お腹からぐっと肉を持ってこないと肉が二の腕と背中に流れてしまいます。ストラップレスは常用しすぎるとバストがたれるだけではなく肉々しい背中になってしまうので要注意。

エクササイズは、ツール[A]を使ったホームエクササイズがおすすめです。肩甲骨を動

A ピラティスリングやシェイクウエイト

かすと効果的なので肩甲骨を縮めたりひらいたりするストレッチも◯。肩甲骨をまわすよう心がけるだけでも違います。

左右どちらかの腕を上から、もう片方を下からで背中で手をつなぐストレッチも毎日数セット続けることで血行を促進してくれます。

パートナーにオイルやミルクを塗ってもらうグルーミングも、美しい背中と愛を育てて一石二鳥です。

女の武器「美しいデコルテ」の作り方

つややかな女を育成するパーツといえばデコルテ。デコルテは、レフ版効果で顔色を数倍明るくし、透明感をぐっと引き上げ、シミやシワ、毛穴を目立たなくしてくれます。そして、浮き上がるなめらかな鎖骨が湿度の高い女らしさもアピールもしてくれる。丁寧にケアして手に入れた上質なデコルテは、すべてに勝る女の武器です。**デコルテ磨きのポイントは、バストまで顔だと思うこと。スキンケアコスメや日焼けどめはしっかりバストまでのせるのが常識。**

どうしても取り入れてもらいたいのが、顔を洗うときに一緒にデコルテまでクレンジングすること。メイクを落とすとき、クレンジングをデコルテまで丁寧に行うことでリンパの流れが整い、驚くほど肌がつやめきます。たっぷりのクレンジングを手のひらで温めて首からデコルテまでにのせ、バストに向けて降ろしながら、小さな円を描くようにやさしくやわらかくくるくるとなじませ、ぬるま湯で流しましょう。

顔のクレンジングだけでは、表面の汚れだけしか落とせず、リンパにたまった老廃物はそのまま。これを、毎日デコルテまで丁寧にクレンジングすることで、くすみ、むくみをとり、フェイスラインのたるみも解消できます。スクラブやピーリングも取り入れて、思わずkissしたくなるなめらかなデコルテを目指しましょう。

細く透き通る首を作る秘訣

心を込めてケアされたネックラインはオンナにとって最高のアクセサリー。

4~5キロあるとされている重い頭を毎日支えている首。思っている以上に大きな負担がかかっています。しかも360度紫外線にもさらされお肌もダメージ大。UVケアは欠かさず、できれば首、デコルテ専用の美容液やクリーム[A]を使ってシワのないしっとりなめらかな首をキープしたいところです。

ぜひ取り入れたいのは、首からデコルテにかけてのオイルマッサージ。**リンパの流れを整えその日にたまった老廃物を押し流すことで、すっきりとしたフェイスラインや小顔、透明感あふれる肌が叶います。**

まずお風呂で肩までしっかり温めてからスタート。オイルを手のひらで温め、左手で、右の耳下から鎖骨まで首に沿って流します。そのまま、鎖骨の上を外側から指の腹で内側まで3秒から5秒ずつ、ゆっくりとプッシュします。最後に手のひらで肩から鎖骨を通ってバストの真ん中に流して完了。反対側も同じようにしましょう。

こうすることで首やデコルテの美しさだけではなく、肩こりや頭痛もケアすることが可能。目の疲れや顔のこりも軽減させるから、うるっとした瞳と立体感のある顔も手に入ります。マッサージの効果でスキンケアの浸透力もぐっと引き上がります。

A ゲラン　アベイユロイヤルネック&デコルテ、シスレー　クレームプールクー、ヤクルト　ビューティエンスパラビオ AC ネックジェル

ひじ・ひざ・かかとの磨き方

お手入れをちょっとサボるとすぐわかるのが、ひじ・ひざ・かかとの3点。ガサガサ心地悪い肌触りと黒ずんだ皮膚感に自分でも興ざめ。女としての自信が血の気とともに引いてしまったりするものです。でもこの3点セット、お手入れをするほどキレイが育ってくれる素直なパーツでもあるので、毎日の歯磨きのように習慣づけてしまいましょう。

ポイントは角質ケアと保湿です。スクラブやピーリングで、古くなった角質を除去しましょう。スクラブの場合は、体とお肌を温めた後、たっぷりのせ、くるくるとマッサージしながら磨いていきます。ピーリングは、AHAなどのフルーツ酸配合のピーリングで古くなった角質を除去しましょう。最後はボディークリームにローズヒップオイルかアルガンオイルを数滴混ぜてたっぷりなじませます。これでつるつるぴかぴかのひじ・ひざ・かかとのできあがり。商品によって使う回数が違いますので、表示通りに使ってください。

日中でも、しっかりクリーム[A]で油分と水分を補給しましょう。アボカドクリームや尿酸配合のもの、シアバター系がよく効きます。1日に数回塗り足すと、効果が持続します。ひじやひざをつく姿勢もなるべく避けると黒ずみが防げます。

A ひじ：OPI　アボプレックス ハイインテンシティ ハンド&ネイルクリーム　ひざ、かかと：OPI　ペディキュア スムース

ベイビーヒップの作り方

赤ちゃんのふわふわぷるんのお尻。思わず頬ずりしたくなるほどのかわいさです。ケアの秘訣を知ってぷつぷつの吹き出物やざらざらの肌触りのお尻とさよならしましょう。

ぷるっとやわらかなヒップはマッサージとボディースクラブで作ります。まず、お風呂で体を温めたら、下から上に向かって小さな曲線を描くようにスクラブをして、ざらつきを取り除きます。スクラブはハードすぎないものを選びましょう。お風呂上がりには、マッサージ用のオイルや美容液、クリームを手のひらにとり、両手でヒップをすっぽり包み込み、手のひらを回転させながらぷるんぷるんと上に向かって引き上げます。ヒップがじんわり温かくなってきたら次のステップに進みましょう。

それから、手のひらでヒップのお肉をつかんで放す、つかんで放すを繰り返しながらほぐしていきます。表面だけではなく中までしっかりつかむのがポイント。最後に手のひらでももの裏からぐっとヒップのお肉を持ち上げましょう。このときに腰まで持っていくイメージで押し上げるのがコツ。マッサージを続けることでセルライト防止力がUP。できたセルライトも小さくすることができます。

冷えが大敵なので、冷やさないよう温める工夫をライフスタイルに投入しましょう。

Kissは女を美しくする

毎日kissしていますか？　していないのなら、することを強く強くおすすめします。

だって「kiss」には簡単に全身を磨き上げてしまう威力があるからです。

kissには幸せホルモンを分泌させる力や記憶力を上げる力など、さまざまな効力がぎゅっと詰まっていますが、中でも注目したいのが最強の抗酸化作用。kissをすることで身も心も満たされるので、ストレスからの抵抗力をぐっと高める作用があります。ストレスは細胞を酸化させ女を老化させる張本人。つまり「chu♡」の数秒でお肌やカラダの老化を防ぐことができてしまうのです。毎日kissをしている夫婦としていない夫婦のデータをとったところ、している男性はしていない男性より約5年寿命が長く、女性は実年齢よりマイナス5歳若く見えるという結果があります。

それに加えてkissのときに動く筋肉が顔のたるみやシワ防止にも効果を発揮、血液の循環もUPしてお肌の透明感も上昇！　恋するホルモンも分泌されるから、バストやヒップには女らしいボリュームが増し、ウエストはくびれ、髪にはツヤが出て目はうるうるという、かなりのビューティーアップ効果も期待大。旦那さまやいとしの彼にぜひkissのおねだりを。ちなみにkissシーンでも美肌ホルモンは分泌されますから、映画や本でどんどんラブモードを盛り上げるのも効果大。

Pocket Soap

How to make a lovery body

抱き心地のいい
体の作り方

みずみずしくってやわらかくってもっちもち。「抱いてみたら気持ちいいんだろうな」と想像させてしまう、そんな引力のある体って最強に魅力的です。

丁寧に鍛えられたしなやかな筋肉と徹底したスキンケアの賜物ボディー。そんな女らしくもピュアでジューシーな体はオンナなら誰もが憧れるはず。

締めるところは締めながらもマッチョではなくしなやかでまろやかな体を作るには、インナーマッスルにアプローチすることが重要。例えばヨガやストレッチ。これだけでも体のラインを生まれ変わらせることが可能。お風呂上がりの、代謝が上がっているタイミングで行うことで、より効果を確実なものにすることができます。そしてこの体を完成させる最大のポイントは抱き心地のいい肌。しなやかなボディーを包むなめらかな肌作りのキモは徹底した保湿です。今までお話ししたスクラブやピーリング、マッサージや保湿テクを味方につけることで、うっとりするようななめらかなツヤ肌が手に入ります。

大切なのは持続すること。今日から始めれば、1カ月後には見違えるほどの「抱き心地のいい体」になっているはず。

おしゃれな人は、
自分のシルエットを
知り尽くしている

ひとまず自分の脚の長さや首の細さは置いておいて、自分のシルエットを知りましょう。それさえ知っておけば、体のリメイクは思いのままになります。おしゃれな人は、自分のシルエットを熟知して、隠したり、出したりとバランスをとるのが上手。服は、体を引き立たせるために着るものです。なにを着るかではなく、どう自分の体を見せるか、しっくりなじませる方法を追求しましょう。

vol.5

fashion

ファッション

おしゃれ＝バランス力

自分の体のシルエット、ご存じでしょうか？　シルエットは3パターン。下にボリュームのある三角形のA型、上にボリュームのある逆三角形型のY型、それに、両方が同じくらいのI型。自分の体形がどんなシルエットなのかを知ることが、おしゃれを成功させる一番のカギです。

身長やパーツの太い細いばかりに気をとられてしまいがちですが、ずっと重要なのは自分の体の輪郭。顔や髪と同じく、体全体も輪郭のバランスを整えていくと見違えるようにスタイルがよく見えます。自分の顔や体、パーツを理解し、美点を生かしていくことがおしゃれを磨くコツ。

まず、体のシルエットを知るために全身すっぽり映る鏡の前に少し離れて立ってみましょう。気になるパーツはここでは無視。シルエットが逆三角のY型なら上半身はゆったりボリュームのあるもので隠し、下半身はスリムに仕上げましょう。上下が同じボリュームのI型ならすらりとした縦ラインのスタイリングで引き立てます。三角形のA型ならタイトなトップスで強調し、ボリューミーなボトムスで整えます。

自分の体を知り、上手なバランスを作れる人はおしゃれな人。ぜひ鏡の前に立って自分の体の輪郭をチェックしましょう。

「華奢《きゃしゃ》」は作るもの

美人の要素「華奢」。でも、ダイエットもエクササイズも、かなりの時間がかかります。それに、女らしい丸みや肌触りがなければ意味がありません。できればバストとヒップはボリュームがあるべき。女らしいパーツを残しながら、理想の「華奢」が素早く作れる方法があります。

首、手首、ウエスト、足首、背中、肩先、鎖骨は、出すと華奢に見える効果が抜群のパーツ。**自分の体の中で、このパーツにあてはまる細い部分を、ひとつでもいいからはっきり強調させましょう。**

例えば手首なら、七部袖やベルスリーブ[A]、ドルマンスリーブで極細見えを狙います。ウエストなら巻きつけるようなラップワンピを着たり、ベルトをしたり、肩ならオフショルダーやゆるっとしたニットで小さな肩先をアピールしましょう。

マイナス3キロといわれているとろみ生地代表のシルクや、上品な透け素材やレースとうまく組み合わせて華奢な雰囲気を盛り上げるとより効果的です。バストは、背中や二の腕からしっかりお肉を集めて肉感的に。ブラにつけるバストアップアイテムを重ねるのもアリです。ヒップなら、ヒップアップショーツで丸みを出すという裏技があります。女らしい理想の華奢、作るのを楽しんで！

A 裾にかけて広がっている、ベルのような形をした袖のもの。

品＋大胆さ＝存在感

その人がいるだけで空気がぱっと明るくなり、温度も2、3度上がる、そんな高い美人力の持ち主がいます。あなたも、人を引きつける空気をまとった美人力を手に入れましょう。

その秘訣は、美しく肌を見せること。これは芸能界でもよく使われている、存在感UPを狙う方法です。肩や背中、デコルテや脚などの部分を、美しく上品に、そして大胆に見せることで華やかな雰囲気や存在感を引き上げるという技。

なめらかな肌を出すことで抜け感とスペシャルな雰囲気が生まれます。

美しさや色気は肌からにじみ出るというだけあって、肌を出した瞬間から顔つきやたたずまいが女らしく変化するのも肌見せ効果のひとつ。注意したいのは、露出ではなく、あくまでエレガントな肌見せです。いろいろな部分を露出しまくるのは厳禁。

通常はデコルテや腕を出すのが主流ですが、**ぐっとくる華を感じさせるなら圧倒的に一点豪華主義でいきましょう。**

胸元はあいていないのに振り向いたら背中が深くあいていたり、デコルテのカットは浅いけど脚を潔く出していたり。品があって美しく健康的、そこにどきっとする大胆さをプラスすることができれば完璧です。

別人級の小顔とヤセ効果を手に入れる

体重計をぶら下げているわけでも、顔に「○○センチです」なんて書いているわけでもない。重要なのは「印象」です。ダイエットをして、数カ月先に痩せるより、今すぐ細く見せましょう！

必要なのは、デコルテとネックライン。

デコルテの開いた服は、慣れない人には着心地の悪いものかもしれませんが、デコルテを出しているかいないかで、顔サイズや体形の印象がまったく違います。海外セレブやモデルを見ても、常にデコルテの美しさを生かしたスタイリングをしていることがわかるはず。**洗練度をも上げるデコルテの開いた服は美人のマストアイテム。**

まず、中途半端な開きはやぼったく見え、顔も大きく見せます。せめて顔と同じくらいの面積を出しましょう。ネックラインのカットは顔型や首の長さ、肩幅によってベストなものが変わってきます。着るときに、全身映る鏡の前に少し離れて立ち、印象を確認しながら自分の顔が一番小さく美しく見えるものを見つけましょう。鎖骨の浮き方や首から肩にかけてのライン、バストまでの質感が魅力的かもしっかりチェック。　前だけではなく横から、後ろからも確認することで、自分を一番美人に見せてくれるバランスを発見できるはずです。

上級「甘辛大人服」の作り方

おしゃれ美人に見える甘辛の黄金バランスは甘2：辛8。これは服だけではなく、メイクやヘア、小物、そして顔立ちの雰囲気まで含めたバランス。

「甘み」には特有の重さがあるので、少し効かせるくらいで十分。甘さ過多になってしまってはおしゃれの必須要素である抜け感がつぶされてしまいます。例えばよく見かけるのがフリルワンピースに甘めモチーフの靴、ウエーブヘアにピンクチークといった甘みたっぷりの加糖女子。これでは抜けが出る隙間がありません。

例えばパンプスをウイングチップやプレーンなアンクルブーツに。空気感のあるドライなくせ毛風ウエーブにライダースを。**こうして辛口要素の割合を大きくすることで、ぐっと風通しがよくなり抜けが出ます。**そして辛口の中にほんのり効かせた甘みがより一層女らしさを際立たせます。

それから顔立ちでいえば、フェミニンな女性が辛口な服を着たり、クールな女性が甘さをほんのりプラスしたときなどに出る色気。相反する魅力をまとうことで生まれる独特のつやっぽさは格別です。女らしい顔立ちやヘアスタイルならシンプルな上質ニットやとろみブラウスにパンツを合わせたり、クールな顔立ちならレースややわらかな色を投入してみる。これだけで大人の女の凛とした色気が手に入ります。

美しさを一番引き立てる
シンプル

海外セレブやモデルの私服は意外にもシンプルなものが多いです。シンプルさは実はその人自体の美しさを引き立てるための技。

個性的なものや流行ものは、ときに美しさをかき消すノイズになってしまいます。シンプルなものほど、内側から湧き出る魅力やそのものの美しさをよりハッキリ際立たせるものはありません。メイクもそうですが、服は自分の美しさを際立たせるために着るもの。洋服に着られてはいけません。

でも、ただのシンプルで終わらせないのが美人の着こなし。シンプルな中でも自分らしい魅力が輝くおしゃれの攻めどころをちゃんとわかっています。例えばシンプルなニットやTシャツも、自分の体を最大に美しく見せるカットやサイズを選び抜いて着ています。とにかく鏡をたくさん見て、自分の体を知るしかありません。

「美人だから着飾らなくても勝負できるんでしょ」と思わせることのできるこの技。このシンプルの方程式は、女の子を即効あか抜けさせてくれるという鉄板テクです。

ランジェリーが広げる
おしゃれの幅

下着の色やラインが服の邪魔をしないよう、モデルは撮影のときに肌色のプレーンな下着をつけます。これに勝るものはないほど肌色下着は万能ですが、下着は女を美しくする最高のツールでもあります。お気に入りの下着をそろえておきましょう。

色以外で重要なのは、着ている服に響かないことや股上の幅。しゃがんだときに見えないローライズは持っておくべき。コサベラ、ヴィクトリアシークレット、ハンキーパンキーの総レーススタイプはおすすめです。どれも段差やラインが出ない、まるで存在感ゼロのはき心地です。

またブラジャーは、バストの形を美しくするものとやわらかさを第一優先に。大きければいいとばかりに無理によせて上げるのではなく、ひじを曲げたとき、肩とひじの中間にバストがくるのが正しい位置です。おしゃれに見せたいときには、あえてブラを下にずらして余裕のある色気を出したり、ノーブラでニプレスだけという技も。肩が見える服にはストラップレスを、デコルテの開きが深い服のためには、モデルにも大人気の、ナチュラルでやわらかい谷間をつくるスターカップブラ（RITRATTI社）はマストハブ。背中や胸元がざっくり開いている服やドレスにも最適。胸の大きい人は、おしゃれに見えにくいこともあるので、特に強調しすぎないこともポイント。

袖《そで》・襟《えり》・裾《すそ》で
振り向かれる美人になる

なにげないのに思わず振り返ってしまうような美人。それにはある秘訣があります。それは、袖・襟・裾。

洗練されている人は、着こなしの先端が絶妙。自分の体になじむよう裾をロールアップしたり、袖をくしゅっとまくったり、レイヤードで裾の表情を変えてみたり。そこに、自分の体の特徴を見極めながら、「女らしさ」を足すことで必ず美しい人に。

例えば、シャツならボタンはすべて留めず、デコルテがキレイに見えるよう第3ボタンまで開け、細い手首が出るように袖をまくる。シャツやジャケット、デニムなどのメンズライクなアイテムを着るときには、袖や裾をまくり細い部分をアピールすることで華奢な女らしさがふんわり。襟のサイズも、顔型やサイズ、全体のバランスを左右するので女らしさが出るように要注意で厳選しましょう。ワンピースはベルトでウエストマークし、脚を長く見せたり、細さをアピールします。

ボタンはいくつ開けたら顔が小さく見えるか、袖はどこまでまくったら腕が細く長く見えるか、**とにかく鏡の前で自分の「女らしい部分がどこで、どう強調するのか」実験あるのみです。**この工夫こそおしゃれを育てる秘訣。

How you feel the clothess you wear today

女の触り心地は生地で変わる

会う人やその日の行動、そして天気など、服を選ぶときにはたくさんの要素があります。そこにもうひとつ、大切にすべきポイントとして服の触感を入れましょう。

肌や表情、しぐさは触れるもののやわらかさに比例します。例えばふわふわのモヘアが断トツで男子から熱い支持を受けるのは、視覚からの情報もあるけれど、なにより着たときの女子の表情が圧倒的にかわいく、服に触れたときの感触がどきっとするほどふんわりやわらかいから。

実際、モヘアを着たときって、袖を通した瞬間から乙女モード全開です。やさしい肌触りに心までやわらかくなって自分でも驚くくらいピュアでかわいらしい表情ができたりして。その日1日をかわいいオンナとして過ごすことができるのが、生地の触り心地の力です。

逆にかちっと硬めのジャケットは、心も姿勢もしゃんとして表情も自然と凛々しくなるものです。しぐさや歩き方もぱりっとしたいい女風で、肌にもぱんっとしたハリが生まれます。

美人はその日のTPOに合わせて触感を着分けましょう。服のやわらかさひとつで心ごと着替えることができる着分け術は、女としての偏差値も急上昇させます。

靴

shoes

ヒールの高さは女の高さ

楽ではないヒールを履き続けるのは、大変さよりも美しさを取る女のプライド。靴は、女の子の足をきれいに見せるために1ミリ1ミリを計算されて生まれてきたもの。あなたの足を美しく見せる装置なのです。選ぶ第一のポイントは、足をキレイに見せるものを選ぶこと。デザインはそれからです。「自分は美しい」と思わせてくれる運命の靴を生涯のパートナーにしましょう。

vol.6

自分の足を
美しく見せない靴は
意味がない

靴と脚には相性があります。どれだけ美しい靴でも、自分の脚をキレイに見せることができないなら意味がありません。

試すときは全身が映る鏡で360度確認してほしいのですが、一番吟味してもらいたいのがヒールと脚との相性。ヒールの細さや高さ、ついている位置は、脚の美しさを大きく左右します。たった数ミリの違いでふくらはぎの位置や筋肉の形、脚全体のラインや長さ、印象ががらりと変わるほど影響が大きいのです。

基本的には脚とヒールの細さを比例させて選ぶと成功率が上がります。ほっそりした脚に華奢なピンヒールは映えますが、がっしりした脚では、ピンヒールがたくましさを際立たせ実際より太くごつく見せてしまう結果に。脚がふくよかなほど、ほどよく太めのヒールを履くとうれしくなるくらいすらりと美しい脚になることができます。

また、試着するときは裸足がおすすめ。肉感や筋肉、肌の状態が確認できます。バランスがいいとふくらはぎの位置や形、ひざもすらりとキレイに見えます。また、立ったときの足の支え感がよいものを選びましょう。ひざ上や前ももに変に力が入ったり、ふくらはぎの筋肉がモリッとするものはダメです。靴の見た目に惑わされず、じっくり選ぶ目とセンスを持ち、うっとりする足になりましょう。

スジ脚かふわとろ脚か
選択せよ

永遠のおしゃれ脚といえば、世界中の女の子の心をつかんだセックス・アンド・ザ・シティのサラ・ジェシカ・パーカーのスジ脚。マノロやルブタンがあんなにクールに履きこなせる脚はなかなかありません。すらっと細いだけではなくストイックさがにじみ出る引き締まった脚は一度はなってみたい憧れ。

それからもうひとつは、アジアンビューティーブームで新たに加わったふわとろ脚。見た目はふわふわなめらかでも中はしっかり引き締まっているという、いいとこどりのねたましい脚。このふたつの脚、両方とも手に入れましょう。

サラのスジ脚なら、向こうずねの中心にオイルか、化粧下地を塗りましょう。オイルなら立体感が出てスジっぽくなり、化粧下地なら、肌色をキレイに見せます。もっと引き締まり感が欲しいときは、その両隣に肌より2トーン暗いパウダーでシェーディングを入れると効果的。仕上げにスジ感と華奢さを引き上げる甲浅のヒール靴を履きます。甲の骨の上にもツヤを足しておくとよりいい感じ。

ふわとろ脚はもっちりとした質感が命。スクラブで古い角質をOFFしたら、たっぷりのオイルでマッサージ。仕上げにオイルを数滴たらしたクリームで油分と水分を入れ込みます。こうすると中はジューシー、外はふわふわのなめらか脚のできあがり。

ヒールの高さは
女の高さ

ハイヒールは、女の温度を引き上げるいくつもの要素を秘めています。例えば、バストから顔の撮影のときでもあえてヒールを履いて撮影することがよくあります。それはハイヒールは、体だけではなく表情までフェロモンで包んでくれるからです。

ヒールを履くと無条件におなかに力が入り、全身にほどよい緊張感が行きわたります。ウエストのくびれが引き立ち、バストはボリュームが増し、背中はすっきり伸びます。鎖骨も浮き出て、肩先までのラインにつやっぽさが宿ります。首が細く長く見えることで抜群の華奢&小顔効果も。そして、足首にはきゅっと締まったくびれが出て、脚のつけ根からヒップのラインは補正下着にも負けない美尻効果。脚が長くなることで頭身バランスが上がり、見違えるほどのスタイルアップを実現します。もちろんその体の変化は顔や心にも伝染し、「私は美人」という感触が自信になり美人オーラが放たれるというわけです。

ハイヒールを外に履いて出る自信がないという人におすすめなのは、お部屋でのフィッティングタイム。ハイヒールを履いた自分の姿を自覚することでも、女らしさを体に記憶させることができます。女らしさを支えているのはたった数センチのヒールです。

靴に見る女の本性

女の本性は、「靴」を見ればわかります。

特にヒールやつま先、内側などに女の本性がにじみ出ます。例えばヒールの先がめくれあがってキンキンと金属音を立てていたり、内側にあかや汚れがたまっていたり、つま先がはがれて色が変わっていたりするのは最悪。今まで何万という女性と靴のセットを見てきましたが、汚い靴の持ち主に美人はいません。靴は人格そのものです。

ですので、**美人の基本、靴のお手入れは欠かさずしましょう。丁寧に靴を扱い、いつでも美しい靴が履けると、どこにでも出ていける自信になります。**

まず基本は1日の終わりに汚れを落とすこと。玄関にブラシを置いておき、ほこりや泥をこまめにとるようにします。汚れてしまったら、やわらかい布にリムーバーをふくませ、ふきとります。また、購入したときにソールを補強したり、クリームを塗ったり防水スプレーをかけておきましょう。雨に濡れてしまったら、乾いた布で水分をふきとります。中まで濡れたときには中の水分もふきとりキッチンペーパーでくるんだ新聞紙などを靴につめましょう。形を整えて、陰干しでよく乾かします。

ヒールやつま先のめくれはお直しに出しましょう。お気に入りの靴は、毎日は履かずに休ませることで長持ちします。

服と靴の最強タッグで甘辛コーデを仕上げる

靴はおしゃれの成功に大きくかかわります。足下と服との絶妙なバランス感覚を身につけることができれば最強無敵。

おしゃれな雰囲気を盛り上げるのは、服と靴を同じ系統でまとめないこと。ツンデレ要素やはずしといった、ある種の変化球を加えることでこなれた印象を強化します。

例えば、レディライクな着こなしのときには、そのまま女らしい靴を持ってくるのではなく、フラットなスリッポンやウイングチップでボーイッシュな気分を加えて抜けを出す。たったこれだけでかなりおしゃれ上級者です。

定番のボーダーものやデニムには、レオパードやグリッター靴のアクを投入することで、ベーシックがスペシャルに飛び級します。グッドガールな装いにはちょっぴり毒を効かせたメタルトウやスタッズパンプスで辛口投入。

そろえておいて絶対に損はないのが、海外セレブやスーパーモデルも溺愛しているインヒール。マキシワンピに合わせたいフラットブーツや鉄板はずしアイテムのスニーカーを履くときのスタイルアップを支えてくれます。これさえあれば、意外とバランスが難しいフラットシューズも難なくクリア。別格のこなれ感が湧き立ちます。

足下はおしゃれの武器。服と靴の最強タッグでおしゃれな女を強化しましょう。

そろえておきたい
運命の靴たち

「女性の心に自信と愛を吹き込み、美しく変身させる魔法の杖……。それがシンデレラの魔法の靴です」(Christian Louboutin)

これは、世界中の女性をとりこにしているクリスチャン・ルブタンが究極のガラスの靴を発表したときの言葉です。この言葉の通り、靴は「自分は美しい」という自信や、自分を楽しみ、大切に思う心を育ててくれる生涯のパートナー。せっかく女に生まれたなら、このシンデレラの魔法を胸に、毎日ＨＡＰＰＹに生きていきたいものです。

さて、そんな女性を変身させる魅惑的な靴たち、いったい何をそろえておけばいいのでしょうか。

ここでは、持つべき靴のリストを紹介します。パンツにもスカートにも合い、どんな服でもこれさえあれば困ることはありません。いつでも美人でいられる鉄板ラインアップ。

多いと感じるかもしれませんが、女の子が一生で持つ靴として考えれば、それほどではない数です。

そろえるべきは

1．とびきりキレイなブラックとベージュのパテント（エナメル）パンプス2足。甲浅で、できれば7センチ以上のもの。

2．ゴールドやシルバーのストラップサンダル。デニムもドレスも完璧に仕上げてくれます。

3．ブラックとブラウンのプレーンなブーツを2足。ブーツインでもスカートでもすてきに仕上げてくれます。

4．バレエシューズ[A]。基本黒を持っておきましょう。でも、赤やブルーのように自分が持っていない色を差し色的に取り入れるのもいいでしょう。背が高い人はフラットでOKですが、160センチ以下の人は2~3センチのヒールのあるバレエシューズがおすすめ。全体のバランスをよく見せつつ、フラット感覚の履き心

A レペット

地と見た目効果を実感できます。

5．ガラスの靴のようにきらめくジュエリーサンダル。履いた瞬間から物語のヒロインになったような気分になれる靴は、女として絶対にそろえておくべきマストアイテム。

これだけ持っていれば、1年中いつでも、とびきりおしゃれな美人でいることができます。

R
66

Raise your level with the taps of heels

女をあげる魔法の音

ハイヒールは女の特権。どこにも行きたくないという日にも、うっとりするくらい美しい靴を履くと、なんだか外に出たい気分になりませんか？　10センチヒールの靴はプラス10センチの新しい世界と10倍の自信をくれます。歩くときの、あのコツンコツンというノック音は、「私って女だな」と、自分を心から確認できる音じゃないでしょうか。あの音は、女としての自覚を呼びさます音だと思うのです。

流行と楽さに押されてついフラットシューズを履いてしまいがちですが、せめて週３回はヒールで女を響かせましょう。ハイヒールの似合う女は、今も昔も変わらず「いい女」。ハイヒールは甲浅のものを選び、脚を長く、キレイに見せましょう。

音はコツコツと軽く心地いいものにします。かかとから親指に重心を移すように歩くことで、美しい歩き方と音が出ます。

「ハイヒールは履けない」という人は、とにかく慣れ。モデルは部屋でハイヒールを履いて過ごしたり鏡の前でウオーキングの練習をすることで克服しています。低いヒールや太めのヒールから慣らすのもいいでしょう。慣れてくればどんなに高い靴でも大丈夫。毎日を美しくHappyに生きるためにも必要なのが、ガラスの靴のように美しい靴。「おしゃれは足元から」というけれど、もっと深く「女の幸せは足元から」だと思うのです。

vol.7 posture

姿勢

姿勢がよくなると
くびれができる

姿勢は七難を隠します。美人に見えるのももちろんながら、シミ、シワも遠ざけます。なぜなら正しい姿勢は血行がよくなるから。

姿勢を美しく正すだけで、体幹も鍛えられ、小顔になり、バストも大きく、首も長くなるといいことづくめ。

立っているだけで色気の香り立つ美人は、姿勢を味方につけています。

猫背をやめるとシミ、シワが治る

家や会社で、PCにかぶりついていませんか？　画面をずっとのぞき込んでいると、顔が1サイズアップします。おまけに顔色はくすみフェイスラインにはゆがみが出てほうれい線やマリオネットラインまで出現するという恐ろしい事態になります。

これは猫背が起こす血行不良による代謝低下が大きな原因。体全体、特に上半身に老廃物がたまりまくっています。前のめりの重い頭を支え続けるために首と肩に尋常じゃない負担がかかっているのです。猫背は見た目の醜さだけではなく、健康や美容にも百害あって一利無しレベルの大敵！　今の時代、女子の顔が大きくなってきているのも、首が短く太くなってきているのも、20代からほうれい線が出てきているのも、くすみ肌が多いのも、ニキビが多いのも、毛穴の開きも……これが原因になっていることがほとんど。

この事態を攻略するのは正しい姿勢と代謝改善。首や肩を冷やさないようにすること。お風呂で温めることや温湿布、ホットタオル、お湯を入れたペットボトルも有効。クリームやオイルでマッサージをして老廃物をためないことが重要。首を回すだけでもかなり血行を促進することができます。1日に数回、肩がじんわり温かくなるまで左右に大きくまわしましょう。顔色もぱっと明るくなって透明感が倍増します。

キレイを進化させる姿勢

姿勢が美しい人は、とても美しく見えます。

生まれてから年を重ねるごとに体に染みつくクセ。このクセのおかげで左右の脚の長さや顔のバランスが変わったり、肩の高さが違ったり、背中が丸まってきたりとだんだんとゆがみが出てきます。

この染みついたクセを正していくのはなかなか困難。ちょっとの気合どころでは実行しずらいものです。

そんなときは、ただ背筋を伸ばすことを心がけるより、習いごとをするが断然効率的です。姿勢だけに向かった集中力は分単位で切れますが、なにかをしながらだと苦にならずに意外と体に記憶させることができます。バレエやダンス、茶道、華道、弓道……。

また、大きな鏡をよく見て、自分の体を確認することで、自然と意識が高まり姿勢が美しく進化していきます。**自分の姿を客観的に見ることほど、劇的にキレイを押し上げるものはありません。**そしてその鏡の作用を、より効果的にするのが「薄着」。体のラインを際立たせる分、キレイになるスピードを加速してくれます。家の中で裸でいることも、体重計ではわからない発見があります。

歩きながら
ウエストのくびれを作る

ときどき風をまとっているように歩く美人を見かけます。数百メートル先でもピントが合うくらい飛び抜けた圧倒的なオーラは、すれ違った後も余音を残します。心に響くしなやかなウオーキングの秘密は、真っすぐと前を向く視線です。

空から糸で吊り上げられているかのようにピンと通った姿勢、数十メートル先まで真っすぐ伸びる視線とほどよい大きさの歩幅。

この歩き方を自分のものにすることができれば、おしゃれ度も美人度も格段にアップすること間違いなし。

日本人は下を向き、小股で骨盤を揺らしながら歩きがちだとよくいわれます。これは脚を短く見せ、雰囲気ブスにする歩き方。せっかくのかわいい顔も、とっておきのおしゃれも歩き方ひとつで台無しになります。

気をつけるべきは、骨盤は動かさずに腰から地面を押すように歩くこと。おなかまわりの筋肉に力を入れるのがポイント。脚が地面につくときにはかかとから親指に重心が移るのを感じながら、一直線に少し大きく踏み出すことでさっそうとした風が生まれます。正しく美しい歩き方はウエストのくびれを作り、脚が太くなるのを防ぎ、引き締まった美脚へと導いてくれます。

Sラインの色気

ふとした瞬間の横顔がきゅんとさせるように、ボディーの横顔もとても大事です。特に横から見た女性特有のバストやヒップの曲線は息をのむほどの美しさ。

でも、これみよがしに強調すると、下品な色気が出てしまうので、美しいボディーラインを嫌みなくアピールしてみましょう。

まず、座るときには、浅く腰かけ、ひざを合わせ、そろえた足先を斜め前に添えます。腰を落とさず背すじを伸ばしてバストのラインを出しましょう。おなかの力はキープしたままヒップの丸みをほんのり突き出せばきれいなSラインの完成です。手はももの上にそっと添えます。もう少し女度を上げたいときにはテーブルの上に両ひじをつき、やわらかく合わせた手をどちらかの頬に添えれば完璧です。

他にも、写真を撮るときなどは、斜めに立ち、上半身は自然にカメラに向けて正面を向きます。背筋を伸ばし、おなかまわりの筋肉に緊張感を持たせながら腰をほんの少し入れましょう。バストとヒップの曲線が表れます。

仕上げはカメラ側の前足のつま先をカメラ方向に伸ばして美脚効果を狙いましょう。手はおへその前でそっと合わせます。このときに鎖骨を見せるようにし、脇と二の腕を少し離すのが二の腕と首を細く見せるコツです。

Dior

Dior

Watch yourelf from outside

「ヒロイン」のすすめ

この世の中で唯一見ることができないのが「自分」。

でも、魅力的な姿勢やしぐさになりたいなら、自分で自分を外から見ることが一番です。まるで幽体離脱のように。

そこでぜひ試してもらいたいのは、自分を少し遠くから見てみること。これには想像力も必要ですが、自分の姿やしぐさや表情すべてを映画の中のヒロインを見るように見てみることです。

これがとても効果的。ただ歩く、座る、立つだけでも、そのひとつひとつのプロセスが丁寧に、そして魅力的になっていきます。

花を飾る手や、電話中の姿勢や表情、カフェで読書をする姿勢、ホームで電車を待つ姿……すべてが自然と美しくドラマチックなものになります。自分をヒロインだと思うと、自分のことがとってもいとおしく特別な存在に思えてくるから不思議。キャンドルのあかりでココアを飲んでみたり、とっておきの部屋着でカップケーキを食べてみたり、スーパーへの買い出しにはバレエシューズとバスケットで行ってみたり、今まで流しながら過ごしていた瞬間を、おしゃれにアップグレードすることができます。

ヒロインとして過ごすと、魅力的な自分とすてきな毎日を手に入れられます。ぜひ試してみてください。

havior

しぐさ

芸能界の人間は、みんな自分の斜め上にもうひとりの自分を持っています。理想の自分になりきるために、すべての言動を、心の中のもうひとりが常にチェックしているのです。
「自分をどう使えるか」がしぐさまで美しい女かどうかの分かれ道。

vol.8 be

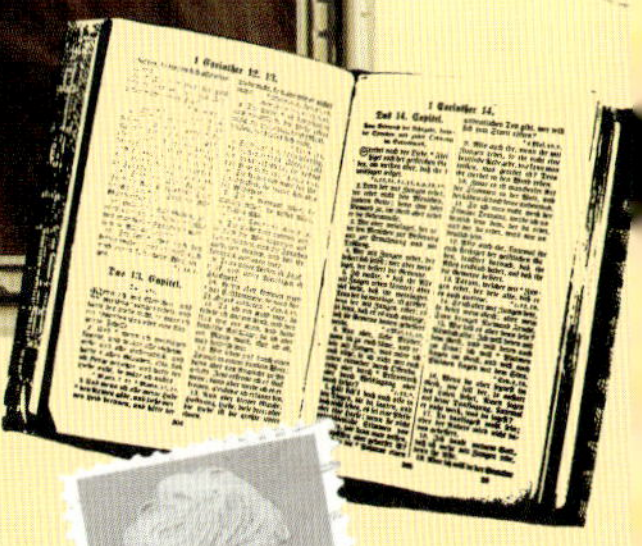

自分という
与えられた器をどう使うか

見た目を越える声

「声がいいね」と褒められると、まるで「いい女だね」と言われているような気分になるのが不思議。声は顔やスタイルと同様、女としての実力みたいなもので、見た目以上の吸引力を発揮するスペシャルな部分です。だからこそお肌やボディーラインと同じように声や話し方にも心を配りましょう。そうすれば、もっとかわいく、もっと魅力的になれること間違いなし。

すてきな声の条件は、耳にも心にもやさしいこと。耳に触れるととっても心地よくなる、そんな声が理想です。男女問わず、なんだか心を持っていかれる声ってセクシーでやさしくってまろやかです。甘くっても、低くても、ウイスパーでもウエットでも、そんなコクがとっても重要。

声のコクは、持って生まれたものや経験、五感がミックスされて出るものだからそう簡単ではないけれど、少しずつでもそんな声に近づいていこうと思えば、近づくもの。例えば、少し声のトーンを落としてゆったり話すだけでも、キンキン高い声よりずっとやさしく心に届きやすくなります。語尾は伸ばしたりぶつ切りしないようにして、やわらかいニュアンスで終わらせると、上品な印象に。自分の声や話し方ともっと向き合ってみることが、コクのある美声への最短ルートです。

心をつかむ声になる
ドリンクレシピ

前項を読んで、声は変わらないと思った人。でも、変えることができるのです。例えば私の知人は「Perfumeみたいな声になる！」と宣言した日からあの独特のささやき声をキープ。驚くことに1カ月でほぼ完璧になりました。家ではどうなの？なんて疑ってみたけれど、彼女の彼いわく「ケンカのときも寝言もこの声」らしい。

つまり、理想の声にはある程度近づけるのです。それに、女は気をつけていないと、年を重ねるごとに声もフレッシュさを失い、図太くカサつきがちになります。澄んだ声は内面の透明感を感じさせるし、やわらかい声はやさしさを感じさせる。だから断然、今もこれから先もずっと女である限り、魅力あふれる声であるべきです。心をつかむ声のポイントは、のどをできるだけ響かせず、口の中で空気と声を混ぜるようにイメージし、息にのせて出すこと。こうすると湿度のある声になります。

ここで、声にツヤが出る簡単ドリンクレシピをご紹介します。大根とショウガをすり下ろして絞り、そこにハチミツとお湯をそそぎます。お湯は熱すぎるものは避けること。ガラス容器にたっぷりのハチミツを入れて、刻んだ大根とショウガをつけておくのもおすすめです。眠るときには加湿器や濡れマスクをして乾燥させない、冷やさないこと。常に水分をとってのどを潤わすことも重要です。

美人力を高める
「先端美」

手先や足先、先端まで意識がピンと通っている人は、大勢の中でもスポットライトを当てたみたいに浮き上がって見えます。

ただグラスを持つ、ただ髪をかき上げる、ただ脚を組む姿がうっとりするほどドラマチック。なにげない動きもスタイルに変えてしまえるのは、自信です。自分の目で見て確認できる手や脚のキレイさは「自分は今美しい」という自信に変えることができるのです。自分の中のキレイへのモチベーション。**これを効果的に刺激するのは手先と足先です。**

研究したいのは、やっぱりバレリーナ。あのつんと研ぎ澄まされた美しさは極上です。現役の人はもちろんですが、幼いころにちょっとだけという人でもその優美な所作は格別。私がすごくすてきだと思う人はほぼ100%バレエの経験者です。

バレエを習えとはいいませんが、その動きや身のこなしをカバーして日常の瞬間にこっそり取り入れてみましょう。ストローをまわす指、ソファにかける手など、途端に優雅になります。人に気がついてもらえなくてもまったくOK。自分が自分の「先端美」を意識して、日常を過ごすことが重要です。その意識が重なって「自分はキレイ」の確信に変わる。そのときは今よりずっと美しい女性になっているはずです。

愛されビッチ

私の溺愛するコスメブランドCHICCAのブランドクリエイター吉川康雄さんのお話に「フランス女優のようにビッチで美しい女性は面白い」というものがありました。やはり、「女を愛らしく見せるのは従順さよりもわがままさ」です。「素直でいい子」は案外記憶に残りません。女としての面白みには欠けています。

どきどきハラハラさせて、いつのまにか「しょうがないなあ～」なんて思わせればしめたもの。実は誰もが持っている「振りまわされたい願望」を絶妙なバランスでつくることができる女って、ずば抜けてキュートです。

男を振りまわせる女って、一部の限られた才能の持ち主だけなのでは……、彼に嫌われるかも……と思うマトモな女性のために、愛されビッチになる方法を。**ポイントは、子どものように無邪気に愛らしく。**言い方は、「～はヤダ」という言い方ではなく、「～したいな」「～がいいな」というように否定ではなく肯定で。命令口調はもちろんダメ。あくまでかわいく、悪魔ではなく小悪魔を目指します。わがままを聞いてもらった後はおおげさなほど喜び、「ありがとう」「さすが」「すごくうれしい」と相手を持ち上げる。ツンデレ効果をセットで使うのです。大人の女なのに、ときには無邪気なわがままの心の「抜け」を持つ、そんな女は愛すべきいい女です。

一瞬でかわいくなれる
「内側のベクトル」

かわいく見せたいなと思ったときには体のベクトルを内側にしてみましょう。内側のベクトルというのは、脚や手を体の中心に向かわせること。モデルのポージングを見ても、キュートさや愛らしさなんかの甘いムードを引き出すときは、ひざやつま先、肩や腕が内側を向いています。肩幅より内側でおさめるのがコツ。

一部分だけでも体のどこかが内側に入ると、雰囲気だけじゃなく表情まで甘くなる不思議な連鎖も引き起こします。

このベクトル、顔でも似たような作用があります。

例えばチークは顔の中心近くにのせるほど、ピュアで甘い顔に仕上がります。まつげも目頭に近い部分、特に下まつげを強調させると一気にかわいさが盛り上がります。唇も中心にたっぷり山がなくなるくらいグロスを重ねることで、甘さたっぷりの可憐な顔のできあがり。

ただ全身どこもかしこも内側に盛りすぎて甘さ過多にならないことだけ注意。いつだって美人はバランス命です。かわいいは女の子の永遠。ときにはベクトルを内側にして甘めな自分も楽しんでくださいね。

つけまつげとカラーコンタクトはキレイとイタいの境界線

キレイとイタいは、実は紙一重のことが多い。キレイはガツガツしてはダメです。貪欲さが出ると、途端にブスに見えてしまいます。だから、キレイのツールは、さりげなく投入しましょう。最も気をつけるのは、つけまつげやカラーコンタクトなどのフェイクもの。**これらは女の子を生まれ変わったようにかわいくする魔法の道具ですが、威力が大きい分、つけるのが難しい劇薬にもなります。**まず、つけまつげは1本1本の毛が繊細で、ハリとやわらかさがあるものを選びます。太く硬いものはわざとらしくなる上に、目が小さく見えることもあります。マスカラで自分のまつげと丁寧になじませたり、毛の長さを合わせたり、カールの角度を合わせたりと、この丁寧なプロセスが肝心。

芯は黒ではなく透明のものを選びましょう。目の幅を倍増したいときには、目尻よりはみ出して長めにつけます。憂い感を出したいときは、目尻に部分足し、ぱっちりさせたいときは、黒目上に部分足しをします。部分足しは、断然リアルでキレイに見えます。ピュアさが極立つ、目が大きく見える下まつげのつけまつげもおすすめ。

コンタクトは、大きすぎる、黒すぎる、茶色すぎるなど、すぎるものはNG。黒よりもソフトなブラウンにすることで、肌色が明るく見え雰囲気もあか抜けます。

24時間モデル級に
キレイでいる
雑誌の見方

モデルがキレイに見えるのは、見せ方がずば抜けてうまいから。そんな彼女たちの立ち振る舞いが満載のファッション誌は、女の子がとびきりすてきに見える瞬間や技が凝縮されています。「この人たちはモデルだから特別」なんて自分にいいわけするのはナンセンス。モデルは、なにげないポーズや表情まで適当なものはひとつもありません。立つ・歩く・座るを基本に、誰かを待つときの姿勢や話を聞くときの手の位置、振り向くときの角度まで、どこを切っても魅力的。そんな**雑誌は、あなたのふとしたしぐさをモデルのようにする最新、絶好の教科書です。**好きな雑誌はもちろん、普段見ない雑誌を見るようにすれば、おしゃれの幅も一段と広がります。

最初はモデルたちも、恥ずかしくてポーズができなかったりするもの。他のモデルや雑誌などを参考にして、体当たりで盗み続けています。あなたも「こうなりたい！」という憧れをまねして、鏡の前で同じようなポーズをしてみましょう。つま先の向きや首の角度、唇の隙間のひとつひとつが美を積み上げていると気づくだけでも、動きが変わってくるはず。そして雑誌を見るときは、女心で漫然と見るのではなく、男心で見てみることも忘れないこと。そうすることで魅力の引き出しが増えます。

ハイレベルは爪で作る

おしゃれな人の爪は、シンプル・シック。一時期のデコブームは去り、洗練された爪ができる人はハイレベルです。

身につけるべきテクは、爪の色を顔の色に合わせるという技です。なぜなら手は、顔の近くにあることが多いから。そして、意外と顔とセットで他人の印象に残っています。ですので、口紅やチークを選ぶように、自分の肌がキレイに見える色を選びましょう。セロハンテープを爪に貼って、その上から色を試すのもいいでしょう。

ネイルカラーを試着したら頬杖をするように頬に爪をあて、必ず鏡で確認します。ネイルの色ひとつで、ふんわりやわらかな肌に見えたり、はたまたくすんでしまったりと、この小さな面積には、かなりの威力があるのです。

おすすめのカラーは肌の透明度が高く、ピュアに見える水色。肌トーンを上げ、トレンド肌に見せたいならグレージュ。ふわふわベビー肌になりたいならシュガーピンク。セクシーフェロモン肌なら肌のあらをとばすネーキッドピンク。上気したようなジューシー肌はクリアオレンジやレッド。赤は澄んだ白肌に見せてくれます。

でも、私のイチオシはピーチピンク。黄色みを帯びた日本人の肌をみずみずしく、温かく、透明に見せるこの色は、はかなさや色っぽさが一瞬で手に入る魔法の色です。

19 DES 1984
HUMBER BRIDGE
POST OFFICE
CARTE POSTALE
60P

Make you much feminine with your hands

フェロモンスイッチは手で入れる

色気やかわいさを出したいときには顔に手を添えるというのが雑誌の撮影時のお約束です。そのときの手は、指の関節をふんわり丸めるもの。

そっと顔に手が添えられる瞬間は男子も大好物ですね。この瞬間、顔に添える手は頬ではなく口元だとよりぐっとくるのだそう。ピュアさにエロスが交わる瞬間がたまらなくいいらしい。

また、色気を感じさせる「プラスワンの肌色の法則」というのがあります。それは、顔の近くにもうひとつの肌色があると、よりヌードさを引き立て色気が増すというもの。よく広告などで、肩先に頬や唇をつけるように振り向いている色っぽかわいい写真を見ませんか？　これは、「肌色の法則」を上手に使っている例です。それ以外にも顔に腕やひざが近いのも効果的です。

顔は、触れられることで女としてのフェロモンが一気に上がります。肌を触れられると美肌ホルモンだけではなく、色気や潤みが内側から上気するもの。好きな人の手で頬を触られたときのあのじんわりとくる感覚、あれが自分の手を通してでも起こるのです。８歳の次男でさえ「ママ、ほっぺに手やったほうがかわいい！」なんてことを言ってくるくらいなので、男という男すべてに効くことはお墨つき。

鏡

mirror

vol.9

鏡は見なければ 見ないほどブスになる

鏡は進化と退化の境目。鏡を見ないと、美は退化します。

例えば、できてしまったシミやシワは消えません。でも、できる前か、できた直後なら、ピーリングやスキンケアで消せます。シミとシワを察知できるのは、鏡だけです。

鏡を1日に何度もチェックすればするほど、美は加速します。

12倍の鏡の真実

朝・昼・夜と1日3回、12倍の真実の鏡を見ることをおすすめします。

12倍の鏡。今あるシミやシワ、毛穴はもちろんキメの状態まで見えてしまうというすごい鏡。**そしてこの鏡の一番恐ろしいところは、近い将来出るであろうシミやシワの予備軍たちをハッキリと発見できてしまうところ。**

初めてこの鏡をのぞいたときには、衝撃のあまりその足で美白美容液[A]を3本とマスクを3セット大人買い。驚愕の現実にしばらく落ち込んだものの、早期発見のおかげで今ではその予備軍は消え去り、あの日より格段に肌がキレイになっています。

スキンケアは、「これをどうにかしなければ」と思いながらすると、断然効きやすくなります。シミやシワは、一度できたらほぼ消えません。できる前や出始めだけ、自分で改善することができるので、**12倍の鏡で、早期発見、早期撲滅です。ピーリング、アンチエイジングコスメ、美白コスメで撃退可能。**コスメはシミならビタミンC誘導体やカモミラエキス、ルシノールなどの美白コスメを、シワならペプチドやフラーレン、EGF、レチノールなど配合のアンチエイジングコスメを使いましょう。

女性には2種類いるようで、この鏡を絶対に見ない人と、まじまじと見る人とはっきりふたつに分かれます。5年後10年後、どちらの肌がキレイかはわかりますよね。

A HAKU、SKⅡ ステムパワー

1日10回鏡で確認すれば
トラブルがなくなる

1日最低10回は鏡を見ましょう。8回でも9回でもなく10回。この鏡の時間割を心がけることで、自分に合ったスキンケアのバランスや、崩れないメイクのコツがつかめます。

10回見れば、トラブル激減、自分のケアとメイクの弱点も知り、ますます美人になります。お肌の調子がよくなるのも「確認」の手間があってこそです。

1回目　朝起きてすぐ太陽光の下で自分の肌や顔のコンディションを確認します。Tゾーン、頬、小鼻、目元を触りながら昨晩のスキンケアで足りなかった部分などをチェックし、朝の洗顔方法やスキンケアのメニューを組み立てていきましょう。確認をしたら、乾燥している部分は洗顔料なしで洗います。例えば、全体が乾燥しているなら、全体をぬるま湯洗い。ぬるま湯は皮脂をとりすぎず、ほどよく汚れだけとってくれるので、一番最適です。熱いお湯は必要な皮脂をとってしまうので注意しましょう。もしTゾーンが脂っぽいのに頬が乾燥するなら、Tゾーンだけに洗顔料を使って、他の部分はぬるま湯だけ、という具合に調整します。

2回目　洗顔後にあらためて肌チェック。毛穴の状態やキメの細かさ、乾燥している部分のチェックでケア方法を決定。例えば乾燥しているところは、他の部分より念入りに水分と油分を入れこみます。[A]ローションマスクをしてから美容液をたっぷり入れ、クリームを塗りましょう。充分潤っている部分には美容液の後、クリームより油分の少ない乳液。Tゾーンのようにオイリーな部分は美容液のみにします。このとき、「ケアしている自分」を実感しましょう。この「ケアしている」実感がコスメの効果を引き上げます。

3回目　メイク。全身と手鏡とのふたつを使って、見比べながらバランスをとって仕上げていきます。

4回目　仕事に出る前の最終チェック。全身360度と顔や歯、髪を確認。

5回目　人と会う前には必ず肌の状態、メイクの状態、目や歯の透明感を確認。

6回目　食事後の歯磨きとメイク直し。

7回目　帰宅。家族に会う前に疲れた顔をしていないか確認＋お直し。

8回目　クレンジング前に蛍光灯の下で毛穴やシワ、くすみの状態をチェック。メイク崩れのポイントもしっかり確認。明日からの改善につなげましょう。クレンジングの種類や洗顔メニューを決定します。

A　コットンに化粧水をしみこませ、3～5分なじませる。肌の中がひんやりしてきたらOKの合図。おすすめの化粧水は、イリューム　モイストキャプチャー エッセンスウォーター、キールズ DS クリアリーホワイトエッセンストナー

9回目　洗顔（バスタイム）後、顔とカラダ両方の肌やラインを確認。スキンケアのメニューを組み立て、鏡で確認しながらスキンケアします。夜のスキンケアも朝と基本的に同じです。メイク崩れや洗顔後の肌状態で組み立て、乾燥しているところは手厚くケアをし、今日は肌の調子が悪いな、というときには、マスクやピーリングなどのスペシャルケアを入れましょう。

10回目　ベッドに入りルームランプを消す前に乾燥しているところがないか確認。乾燥していたら、オイルやクリームを足しましょう。リップクリームとハンドクリームを塗って就寝します。

これが1日の最低限の鏡の時間割です。鏡は唯一自分を確認することができる方法。見て、触れて、確認して、今のコンディションを、正確に、客観的に、自分を知っておくことがキレイへの確実な近道です。

The relationship of mirror, light, and love

鏡と灯りと恋の関係

「会う場所の灯りでメイクする」のがデートメイクの正解。

デート前には会う場所の灯りを想像し、その灯りの中でメイクをします。鏡を彼の視線に見立てて肌やメイクの細部まで確認しながら仕上げていくことで失敗なし。前からではなく360度どこから見てもかわいい自分に仕上げましょう。

例えば昼の光の中でのデートなら、同じく自然光が入る窓辺でメイク。太陽の光の下ではやわらかいメイクが断然かわいいので、マシュマロみたいなふんわりパウダリー肌で初々しさをアピールしましょう。ラインはソフトブラウン、シャドウはうるっとさせるくらいのニュアンス添えで。ふんわりチークとミルキールージュで透明感あふれるピュア顔に。太陽光の下ではラメやパールがギラギラしてしまうので控えた方が正解。

夜のデートならお店のようなライティングでメイク。暗がりの中では目元をダークな色でまとめてしまうと目全体が真っ黒に見えてしまいます。ですので、瞬きをするたびにうるっときらめくシアーなシャドウで仕上げるのがおすすめ。まつげの影の憂い感を倍増するように目尻はたれ目風に。暗がりでも血色とかわいさを盛るためにチークは真ん中高めに入れるのがポイント。ほんのりピンクのハイライトと組み合わせることで、キャンドルの灯りの中でもきゅっと上がった愛らしい頬になります。

interior

インテリア

美肌の大敵はストレス。1日の疲れをリセットするのは、やっぱり自分の部屋です。日中受けた、美人を錆びさせるダメージをいかに部屋で取り戻すかが勝負。
それに、美しい部屋は美人をはぐくみます。
なんだか清潔感がない人は、部屋も汚いことが多いもの。自分の空間をキレイにしている人は、本当にキレイな人です。

vol.10

気持ちいい手触りや
肌触りの空間は、
キレイを育てる
ベース

キレイな水まわりは美人を生む

キレイになるために絶対に必要な「乙女心」。それを高めてくれるのがバスルームや洗面台、ドレッサーまわり。ここで過ごす時間や満たされた感覚が美人を作ります。抜かりなく掃除をして、清潔さをキープすることは最低限のルール。そこから自分の気持ちが盛り上がる空間を作っていくことが大切です。

灯りはパキパキの蛍光灯ではなく温かみのある暖色にすることで、癒やしの効果を高め、スキンケアの浸透を引き上げます。ルームランプやキャンドルもおすすめ。フレグランス、ボディーパウダー、ボディークリーム、ボディーミルク、見るだけでテンションが上がるすてきなもので空間をドレスアップ。大好きな香りはキレイの絶対要素です。

ここでおすすめしたいのが、グラスアイテム。一気に雰囲気が作れます。コットンをグラスボトルに入れたり、ハンドソープをアンティークなボトルに移しかえたり、グラスにお花を飾ったり。

それからもうひとつの魔法アイテムはラタン。ラタンのバスケット[A]はひとつあるだけで特別な空間に。タオルやマッサージグッズやドライヤーなどのビューティーツールを入れたり、メイク道具を収納してもすてきです。

A カトリーヌ・ドゥヌアル

キレイと運気は
テラス次第

自然は美人にとってとても大事。自然とのつながりを感じることができる場所は心も体も解放できる特別な空間。そんな自然を楽しみながら取り入れられるのがテラスです。

「気持ちいい」は潤いと余裕を生むための重要な原動力です。自分の「気持ちいい」にこだわったスペシャルなテラスを作ってみましょう。**緑が近くにあると、体の免疫力が上がり、神経システムを鎮めます。**

外の空気に触れ、新しく新鮮な空気を体や心に常に入れることで、すがすがしい気持ちでいることができ、新しいことに挑戦する力や勇気が生まれます。例えばウッドフェンスを立ててみたり、無機質な室外機にウッドカバーをつけてみましょう。これだけでも見違えて気持ちよくおしゃれな空間に生まれ変わります。キレイを育てるテラスは「気持ちいい」で充実させて。

風水でもテラスやベランダが心地いい空間であるかどうかが、幸せの運気を左右します。特に、イスと花が、生活の中で自然と消えていく運気を補充するパワーを持っているそうです。狭いスペースでもイスを置いてリラックスできるようにしたり、花を眺めるだけでも運気を上げるスイッチが入ります。

可憐な花で
可憐な魅力を
手に入れる

お部屋にあるものを飾ると、必ず美人になれます。それは、お花。

みずみずしくやわらかな生花は、部屋の空気が動くたびにふわりと香る。フレッシュで瑞々しい香りに心の緊張もほぐれていくのを感じます。飾る花の美しさは、部屋の主の美しさと重なってきます。フェミニンで洗練された美しさになりたいならローズ、可憐でイノセントならシャクヤク。愛らしくスィートなかわいらしさなら色とりどりの小花を。

花のキレイは間違いなく移ります。ですので、ドライフラワーはNGです。みずみずしくやわらかな潤いに満ちた生け花を飾りましょう。花を活けるフラワーベースは、毎日水を取り替えて清潔にします。水を取り替えるときに5ミリほど茎を切り落とすことで長持ちします。延命剤を使うのもおすすめ。延命剤なら2～3日水を替えなくてもOKです。濁る前に取り替えましょう。

小まめにお水を上げたり、かわいく活けたりして、いつもお花に触れ合っているだけで、心もふわふわ華やぎます。

たった1輪の花でも、キレイと幸せをかなえるカギになります。

毎日部屋に花を飾るという心の贅沢が、キレイムードを高める魔法です。

理想の自分に
なれる部屋

部屋はその人そのもの。自分のお気に入りに囲まれた、心地よく美しい部屋は美人を作ります。部屋の雰囲気は、あなたの心を左右します。だから、部屋の居心地の悪さやなんだかしっくりこない状況はなるべく早めに解決したいもの。おすすめは、憧れの人の部屋やお店をまねしてみること。雑誌の部屋特集や、好きなタレントのお部屋作りを参考にしてみましょう。

でも、今ある部屋を理想通りにするのは、なかなか簡単にはいきません。お金もかかれば時間もかかる。ひとつひとつ運命のものに出合えたときの喜びも大きいけれど、今すぐ雰囲気を変えたいなら、一番手っ取り早いのは、大物をひとつ変えてみること。例えばカーテン、ダイニングテーブルや、ソファ、照明などの中からたったひとつでも変えてみると雰囲気ががらりと変わります。

あとはお気に入りの場所にときめくようなすてきなものをいっぱい並べてみるのもうきうきします。例えばわたしがよくするのは、一番好きなドレッサーの上にうっとりするようなフレグランスボトルやボディークリーム、キャンドル、花なんかを無造作に並べること。すてきな小物たちを集合させるだけでも部屋のイメージチェンジをスタートできます。

A SHABBY　CHIC、
Urbari　outfitters

部屋を変身させる
小さな魔法のアイテム

「手」が美人の雰囲気を左右する重要なパーツであるように、家具の印象を変えるのがドアやチェストなどのハンドル。なかなか買い替えることができない大物の家具も、例えばハンドルを変えるだけで見違えて素敵に変身させることができます。

ＩＫＥＡやホームセンターで購入した、なんでもないチェストのハンドルをアンティークゴールドやシャビーシックなグラスハンドル[A]につけ替えてみる。ホームセンターで買ったものも一気にあか抜けます。たった数個のハンドルが突然オーダーメイド家具やアンティーク家具に見えてくるのがこのハンドルの魔法。

気分を簡単に変えることができるし、世界でひとつだけの愛着あふれるとっておきの存在に生まれ変わらせることができます。

同じように、ウォールフックやカーテンフックにもこだわりを持つことで、部屋全体の雰囲気が上がってきます。つけ替えるだけで簡単に気分を変えられる小さな魔法アイテムたちは、生活や気持ちをhappyに導いてくれます。おすすめはアンティークショップのハンドル。その奥行きのある美しさはアクセサリーのよう。うっとりさせてくれるハンドルは、部屋で過ごすなにげない時間を特別なものにしてくれます。

A GLOBE　ANTIQUES、Anthropologie

Become beautiful in the most comfortable bed

美人を生むのは
世界で一番心地いいベッド

眠りにつくベッドは、世界で一番心地いい空間にしたいもの。1日頑張った心と体のダメージを修復できるのはこの場所だけです。

体や肌、心の疲れを取り除くには心地いい眠りが一番。肌はつやめき、もっちりとしたハリが出てうるうるになり、透明感がアップして、シミやシワができにくくなります。または、やわらかい灯りは心を穏やかにしてスキンケアの浸透を上げてくれ、ストレスも解きほぐすので体が錆びるのを防ぐことができ、抗酸化作用もあります。心地いい音色や音楽も同じく、ストレスや疲れをほぐすので、細胞老化を防ぎます。

私は、ベッド回りのリネンは、肌をキレイにして美肌ホルモンを上げてくれるヴィンテージピンクとオフホワイトで統一しています。恋しているときのようなうるつやな肌になれるお気に入り。

枕元には大好きなボディークリーム、リップクリーム、ハンドクリーム、アイクリームにオイルが待機。寝る前に鏡で肌を確認します。お風呂上がりのケアだけでは足りない部分を、寝る前にケアします。

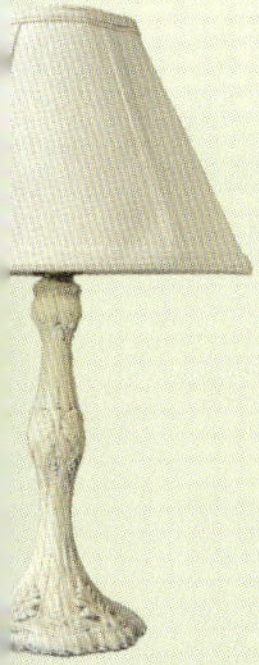

アクセサリー

ry

アクセサリーは
個性を盛りあげるためのもの

アクセサリーは、個性を出すためのもの、つまり自分の毒を出すためのものです。小さい範囲でも、ちょっぴり毒を足すだけで、おしゃれに見え、オリジナルな美人になれます。
同じ美人でも、つまらない美人は印象には残りません。
アクセサリーは服や靴と違って冒険しやすいアイテム。
クラッチやメガネ、スリッポンなどを上手に取り入れましょう。

vol.II

accesso

メガネの色気

メガネはギャップ効果で男心を翻弄することができてしまうとっておきのアイテム。スタイリングによっては一瞬でおしゃれ感を引き立ててくれる頼もしいアイテムでもあります。

ギャップ効果を狙うなら、つける・はずすの瞬間がきゅんとさせる最大の見せ場ポイント。仕事中にさりげなくつけたり、運転やおうちではメガネ、という具合にON・OFFを使い分けること。そのままメガネをかけると目が小さく見えてしまうという人は、コンタクトに度なしメガネがかわいい姿を作るコツ。

それから、ぜひ覚えておきたいのがメガネの色。メガネのフレームの色によって肌や顔に与える印象が変わってきます。小顔効果とリフトアップ効果を狙うなら、黒のフレームが断トツ。小さめのものではなく目がすっぽり入る大きさのものがおすすめ。

そして顔色に透明感や明るさを求めるならフレームはピンクや赤。ピンク下地やチーク級のブライトアップ効果があります。クマもカモフラージュできてしまうので常にバッグに控えさせておくと安心。このメガネはマイナス3歳効果もあります。

メガネ自体に特有の色気があるから、メイクを盛ってしまうと少々色気過多。アイメイクと眉はソフトに仕上げて、バランスをとるのがメガネ美人メイクの秘訣。

小顔になれる技

永遠の憧れ「小顔」はデコルテや髪型でいくらでも作ることができるとお話ししてきました。他にも、前髪やピアスなど、小顔を叶えるテクはたくさんあります。その中でもすぐ使える効果絶大のものをいくつかご紹介します。

まずはアンニュイ無造作ヘア。わざと崩して、ほどけそうなゆるさで魅せましょう。ポイントは顔にはらりとかかる髪。横顔がすべて見えないよううなじや顔まわり、トップを引き出して、さりげなく顔を髪で包むと2まわりは顔が小さく見えます。憂いを帯びたそそるかわいさも加わり美人度上昇。髪が黒いとこの雰囲気を出すのが難しいので、カラーリングやベース巻きで空気感をアップするとうまく決まります。

また、ストールはぐるぐる巻きにしてあごまで隠しましょう。小顔だけじゃなく毛布から顔をのぞかせているようなかわいらしさできゅんとさせます。上半身にボリュームを出すことで、スタイルUP効果も期待できるオススメテク。春は肌色をブライトアップする、淡いドラジェカラーのストールをふんわり巻きます。

大ぶりピアスはアップスタイルのときに欠かせない小顔アイテム。シャンデリアのようにしゃらしゃらと揺れるものやフープ、モチーフが大きいものが有効。特に顔が動くたび、歩くたびに揺れるものはどきっとさせる引力も持っているのでおすすめ。

サングラスは女の味方

サングラスは上質な女に格上げしてくれる魔法のツール。大ぶりなサングラスをかけた最高のレディーといえばジャクリーン・オナシス。サングラスを選ぶときには必ず思い浮かべる憧れの姿です。サングラスが放つノーブルな魅力は格別。それに、サングラスほど女性に協力的なアイテムはなかなかありません。

UVカット効果の高いサングラスは、目元や頬にできるシミやシワ、たるみを防いでくれるし、瞳の潤みや透明感も守ってくれます。ノーメイクでお肌を休めたいときや人とかかわらず静かに過ごしたい日にも安心できる頼もしい存在。

ぴったりくるサングラスを見つけるには試着あるのみ！　基本、丸顔の人はスクエアのニュアンスのもの、ベース型や四角型なら丸みのあるフォルム、面長ならビッグサングラスで長さをカモフラージュという基本はあるけれど、やっぱりひとつひとつ試着しながら選ぶのが一番です。

専門店であればショップスタッフにお願いすると、顔型やファッション、雰囲気などの相性を見ながら最高に合うサングラスを選んでくれるはず。サングラスの魔法を味方につけて淑女ムードを盛り上げましょう。

持つと誰でも美人になるバッグ

バッグを持つポイントは身長とのバランス。重心が下がると途端にスタイルが悪く見えるので、バックを持つことで、ボリュームが下がりすぎないように心がけましょう。

小柄な人は上半身におさまるものか小さめのサイズがスタイルアップの味方。肩からかけたりして、ぶらんと持たないようにしましょう。背の高い人は、小柄な人よりはバランスがとりやすいですが、やはり重心が下にならないように、鏡をよく見て持ち方やショルダーの長さを調整しましょう。持ち方がポイントなので、しっかり全身を鏡に映して身長や服のシルエットとのバランスを調整すれば怖いものはありません。

このようにおしゃれにバッグを持つことはとても大切ですが、その中でも誰もが**美人に見えるオススメのバッグが「クラッチ」[A]です。**さりげなく抱えたときに出るこなれた雰囲気とエレガントさはクラッチだからこそなせる技。クラッチはここ何年かで形も大きさのバリエーションも豊富になり、普段使い、ビジネス、パーティと幅広く活用できます。クラッチはデニムからワンピースまでなんにでも合わせることができるし、持つだけで瞬時に洗練度がアップされます。男性から「クラッチを持っているだけでいい女に見える」とも、よく言われるクラッチ。ヴィンテージショップは、一点モノの可愛いものと出合えることが多くおすすめです。

A SANTI

The power of pearl

パールの威力

子どものときから、誕生日ごとに母からパールを１粒ずつ贈られています。今年で38粒目。まだまだネックレスにするには足りないパール粒たちの未完成さが、レディーにはなりきれていない自分と重なり、とてもいとおしく感じます

パールはつけるのがとても難しいアクセサリー。本物の上質なパールは、相応の内面を持つ大人だけがつけこなせるもの。パールだけに限ったことではないのですが、偽物は女を安っぽく見せます。それと同じように、つける側の内面が未熟だと、いくら本物のパールでも、安っぽくなってしまうのです。だからこそ、世界の女性の憧れであり続ける特別の輝き。そんな、どんな服も一気に洗練してくれる愛すべきジュエリーを身につけて、女を格上げしましょう。

ぜひ迎え入れたいのは、クラシカルな120センチネックレスとピアス。120センチもあれば１連２連３連と表情を変えることができるし、ぐるぐると手首に巻きシンプルリッチな雰囲気を楽しむこともできます。

白くぽわんとしたフォルムを愛らしくアピールできるピアスは肌をまろやかに見せ、一瞬でノーブルな魅力で包んでくれる魔法のアイテム。１粒パールのスタッズタイプと遊びのあるデザインのものとそろえておくと、いろいろな場面を輝きで包んでくれます。大粒だとおしゃれに、小粒だと清楚に見えます。

Megumi's

私の毎日を彩る、愛しのふりかけをご紹介♥

FURIKAKE

F お花は絶対に欠かしません。きゅんとくるお花はきゅんとくるかわいさをうつしてくれる♡　G 至福のお茶時間でリフレッシュ。ストレスはお肌の大敵。　H 友人が作ってくれた"M"が埋め込んであるキャンドル。うっとりな香りのミレナーズブティック。シーバイクロエのキャンドル。

M キレイを育てるドレッサー♡光がキレイに入る場所におくのがキレイを作る秘訣。　N クセっ毛です。ナチュラルウェーブがキレイに出るのはビュートリアムの川畑タケルさんの魔法の手のおかげ♡　O コスメ発表会にて。女の子の好きと憧れがぎゅっとつまっている世界。　P 次男の手作りリース☆息子たちは最高のアーティスト。　Q どの子もみんな女の子をキレイにするために生まれてきてる♡

愛してやまないSANTIのクラッチ。ポーチとして愛用中。

ヘアアレンジはいつだって抜け、ゆるさ命。特にリップラインに落ちるサイドの髪は計算ずく。

A

B

C

D

E

A「レオパード柄の毒は上品に」がマイルール。Cher　Shoreで購入。　B息子の運動会にて。わたしが小学生のころから使っている愛しのバスケットと愛用カメラのpen。C愛犬puffと一緒に撮影。もこもこカットは中目黒の「ドッグマン」♡　D編み込みアレンジは女の子をガーリーにしてくれる魔法。　E息子たちと落ち葉遊び。いつだってハートを胸に♡

I

J

K

L

I靴フェチです♡ヒールは8.5センチ以上が好き。　J hatは一期一会もの。運命の出合いは必ず持ち帰ります。　K息子とご近所のcafeへ。くしゅっとしたおだんごヘアはヘビロテアレンジのひとつ。　L麗しのクリスチャン・ルブタン。この靴のために働いてる?!

E

F

G

H

E リップクリームでいつでも kiss できる唇に♡　F 髪の長さ自由自在。ときにはボブ風アレンジでどきっとするギャップ効果を狙います。G ねじりアレンジはコツいらずで完成。一瞬で大人かわいい雰囲気になれる♡　H 女の子を美人にする花“ローズ”。ローズキャンドルでキレイテンションを加速中。

M

N

O

P

Q

M クリアが好き。宝石も、グロスもネイルもお肌も！透明感は女の子を美人に見せてくれるとってのおき。N 愛おしい自分の分身。本物のわたしより細く華奢で足長なかわいい子。O 恋するハワイにて。ハワイの風や空気が好き。面白いくらいに欲がすーっと抜けていくわたしの毒抜き場所。P お酒 Love ♡大好きな人とおいしいお酒。これ best。Q 息子のポケットに刺繍されてる “thank you”。いつも“ありがとう” と伝えられる心を持ちながら大きくな～れ。

V

W

X

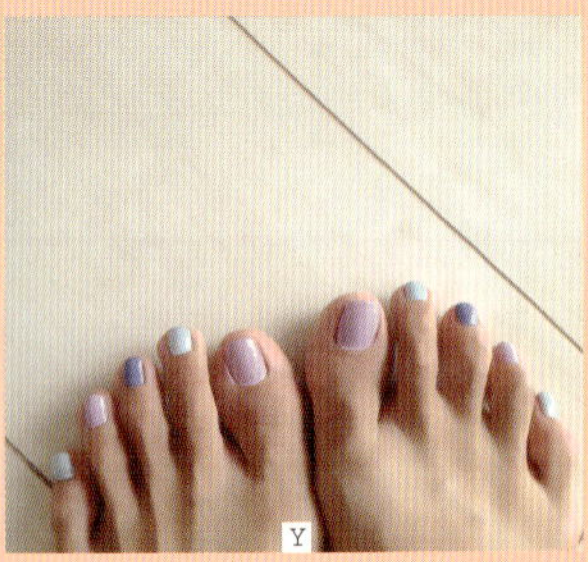
Y

V 後ろ姿は女の本性。表も裏も磨きをかけて、いつだって 360°キレイな女でいたい。W 憧れのフランス女優をまねて。ふわもりヘアアレンジにバレエシューズ、バスケット…憧れはまずまねして自分に吸収する。X コスメの箱を開ける瞬間が好き。キレイがあふれる瞬間。Y “先” は常にキレイをキープ。ペディキュアも抜かりなく。深紅でいい女遊びを入れておちゃめな女。

Megumi's FURIKAKE

A

B

C

D

A お花畑のようなお花たち。可憐な女の子になりたい思いを込めて…♡大好きなカントリーハーベストにて購入。B ビジューが好き。キラキラは女の子の永遠。大ぶりなもので気持ちも上がって小顔効果も get ♡　C Yves Saint-Laurent の靴。プラットフォームで足長・おしゃれ効果促進。美しい靴は自信をくれる。D 仕事とデート以外はメガネ女子。メガネの放つ色気が好き。お気に入りはトム・フォードの黒フレーム。

I

J

K

L

I いつもは肌に溶け込むスキンジュエリー派。でもときにはおしゃれ感を引き上げるインパクト大のアクセも投入。J ヴィンテージ風レースがドレスみたいにかわいいポーチはわたしオリジナル♡キレイの魔法がつまっているポーチはすてきであるべき♡　K ESTEE LAUDER のリップスティックには、キレイになれるおまじないの言葉を刻んでもらうのがお約束。L いつも空を見上げています。嫌なこともつらいことも空を見上げれば消去できる。こんなに空がキレイならきっと幸せになれるはず！と思えるから。

R

S

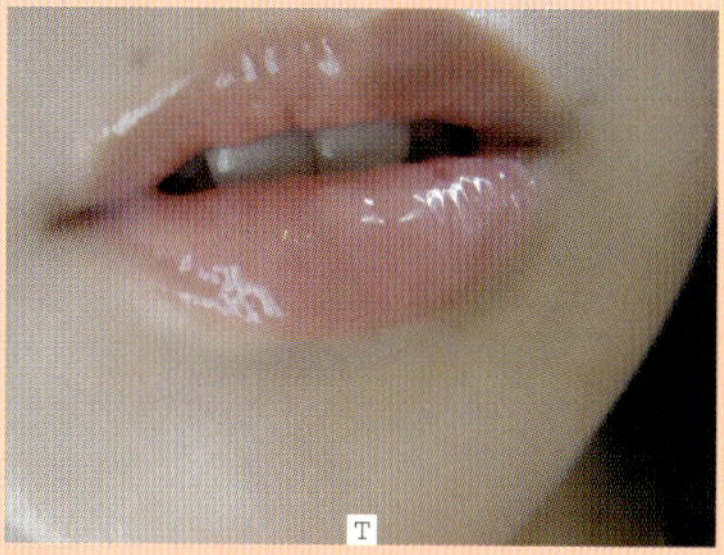
T

U

R 美肌を作るローズヒップティー。コーヒーや紅茶をローズヒップティーに変えるだけで、シミが薄くなるなんて♡　S 復活愛♡リボン結び。いつまでもかわいいものにきゅんとくる乙女心を忘れないおまじない。T 潤い重視。ぷるんとした透明感あふれる唇こそ忘れられない女になる武器。U わたしの憧れ。フレグランスもぜったいローズと決めています。

message

美人へのあこがれは
女の子の永遠

わたしはずっと美人になりたいと願っていました。

でも、小さくて色黒でぐりぐりの天然パーマ。美人どころか自分を好きになることすらできず、キレイな友人や芸能人を見ては憧れと嫉妬がいつも心を埋めていました。

わたしが美容にのめりこんだのはそんなコンプレックスがあったから。高価な化粧品を買いまくり、エステに通いつめる日々でした。でもそんな自分を追い込むような美容から生まれたキレイは人工的で「美しい」とはほど遠いものでした。

そこで、まわりの美人たちを何年も徹底的に研究して気がついたのは、ある共通項です。それは、彼女たちがまとっているいくつもの美人要素でした。

目が大きい、鼻が高い、髪がキレイ、手足が長い、顔が小さい。そんな「美人定義」

は間違い。キレイはカタチを矯正することよりも、自分を知り生かし、美しく見える工夫をすることから生まれます。ナチュラルでラフで生っぽくって温かみのあるキレイこそが重要で、それが自分と混じり合って、自分だけの特別なキレイをつくります。すらりとした身長とか大きな目とか、美人になる資格はそんな要素ではありません。自分を楽しむ前向きなキモチ、自分と向き合いながら魅力を磨き続けるという美容が、心に響く美人をつくる。エステに通い詰めていたあの頃より、今の自分のほうが断然キレイだと自信があります。美人は自分次第で手に入るのです。

ひとつでも、自分を楽しむキッカケになることができればHappyです。

この本を手に取ってくださった皆さま、いつも支えてくださる皆さまへ心を込めて。

ありがとうございました。

最後に、編集の中野さん、デザイナーの矢部さん、お二人の愛あってこそこの本はこんなに美人になることができました。写真家の小菅さん、あなたの撮るお肌は絶品です。大きな支えをくださる谷口さん、阪口さん、川岸さん、こうして6冊目の愛おしい我が子を送り出せるのはみなさまの心と腕があってこそです。そして最愛の息子たちと両親に愛を込めて。

Megumi
Kanzaki

SPECIAL
THANKS
Designer:Azusa Yabe
Photographer:Kosuga Desuga
THANKS AMI NAKANO